股权思维

打造价值百亿的准上市公司

EQUITY THINKING

饶勇军 / 著

图书在版编目（CIP）数据

股权思维：打造价值百亿的准上市公司 / 饶勇军著 . —北京：机械工业出版社，2018.9（2022.5 重印）

ISBN 978-7-111-60759-5

I. 股… II. 饶… III. 上市公司 – 企业管理 – 研究 IV. F276.6

中国版本图书馆 CIP 数据核字（2018）第 192573 号

股权思维：打造价值百亿的准上市公司

出版发行：机械工业出版社（北京市西城区百万庄大街 22 号	邮政编码：100037）
责任编辑：孟宪勐	责任校对：殷 虹
印　　刷：固安县铭成印刷有限公司	版　次：2022 年 5 月第 1 版第 4 次印刷
开　　本：170mm×230mm　1/16	印　张：17
书　　号：ISBN 978-7-111-60759-5	定　价：59.00 元

凡购本书，如有缺页、倒页、脱页，由本社发行部调换

客服热线：（010）68995261　88361066　　　　投稿热线：（010）88379007

购书热线：（010）68326294　88379649　68995259　　读者信箱：hzjg@hzbook.com

版权所有 • 侵权必究
封底无防伪标均为盗版

PREFACE
引言

看清核心与外围

在中国经济逐步转型升级的换挡时期,企业管理已经由当初粗放式的经营管理方式过渡到精细化的管理方式。越来越多的中小企业无法适应这样的发展节奏,导致企业经营管理越发困难。

企业难,到底难在哪里?核心在于老板无法把控企业经营发展的核心命脉,而只是游走在经营管理的外围。

无数企业老板在公司的角色就像是救火队长,哪里出了问题就会出现在哪里,哪里需要他就出现在哪里。因此,老板经常干员工该干的活儿,而员工却无活儿可干。老板整天都很累,只有自己一个人操心;老板经常骂员工,说员工没有动力,招了一批没用的人。

企业规模不大时,管理还算井井有条;企业一旦做大点儿,就问题和麻烦不断。企业小,容易监管,老板可以亲力亲为;企业大了,老板就管不过来了。因为一个人的时间和精力总是有限的。

一个企业老板,开 8 家连锁门店还没什么问题,开到 20 家连锁门店时,问题就大了;8 家门店,至少每家门店都有利润,20 家的时候,大部分门店开始亏损了,为什么?

以上的问题,都有一个共性,那就是老板抓不住核心。

那么，企业经营管理的核心到底是什么？

经营管理的核心在于人，在于人心、人性。

老板要想把企业做强、做大，第一，必须从企业经营管理的细节中解放出来，学会经营人。

客户打电话到老板的办公室来谈怎么订货，小企业老板的做法是，直接去和客户谈判，把客户搞定，自己拿提成；大企业老板的做法是，交给公司的优秀员工，让他们去搞定，产生业绩后，老板亲自给员工发放奖金。这就是小企业老板与大企业老板的差别：小企业老板经营事；大企业老板经营人，激发人才去经营事。

依靠自己去经营事，事情就会越来越多，老板就会越来越累；依靠人才去经营事，人才就会越来越多，企业经营就会越来越轻松。

第二，老板必须把准企业经营发展的方向，创新商业模式。方向对了，企业经营也会更轻松。方向的选择是以商业模式创新为核心的。管理学大师彼得·德鲁克曾经说过：当今企业之间的竞争，不是产品之间的竞争，而是商业模式之间的竞争。由此可见，商业模式创新对企业发展具有至关重要的作用。

企业无论是激励人才，还是创新商业模式，股权都为我们提供了一个最佳的工具，当我们用股权经营的思维去打开企业经营管理的另一扇大门时，就会发现，股权能解决企业发展中的众多问题，它为我们开辟了企业经营管理的另外一片天地。

用股权引爆企业

股权的魅力不仅仅体现在实施股权激励，解决员工动力不足的问题上，更体现在创新商业模式，实现资源对接与整合上。从更高的层面来讲，股权经营更是一种思维，这种思维能够帮助我们引爆企业，实现弯道超车的目标。

什么是股权思维？股权思维实际上就是一种价值再造的思维，一种颠覆传统经营管理模式的思维。

第一，股权思维让我们明白：企业以追求利润为终极目标的思维往往会让企业走入死胡同，企业价值的提升在创造更高的收益方面发挥着越来越重要的作用。

第二，企业一定不是某一个人的企业，而是大家的企业，企业老板将公司定位成自己的，企业就会越做越小；企业老板将公司定位成大家的，企业就会越做越大。

第二，股份不是越分越少，而是越分越多。企业将股份分配出去，就会激励更多的人为企业创造更大的价值，股份就会快速升值，公司才会快速成长。

所以，企业老板学会运用股权去经营企业，首先要学会的是股权思维，学会运用股权引爆内部员工，运用股权引爆外部资源。

此外，就是工具与方法的问题了，工具与方法的问题不难掌握，股权经营的工具与方法主要体现在股权激励、股权融资、股权整合，这些也是本书的核心内容。

本书的核心价值

市场上关于股权的书籍已经不少，但是真正能够帮助企业实现股权工具落地的书籍却很少，甚至可以说几乎没有。笔者一直苦于思考，如何将这些高大上的理论知识真正落地成为企业实践，让企业家一看就明白，并且能够根据书籍的思维与方法，自己导入股权激励、股权融资、股权众筹的咨询方案，从而推动企业快速发展。

基于这样的思考，笔者以"落地辅导 + 实用有效"的写作思路作为本书写作思考的方向，将多年咨询辅导工作的实践经验整理成文字资料，融入本书中。

本书以股权为核心内容，从高度和深度两个方向入手。从高度的层面来讲，本书的价值在于帮助企业老板建立股权经营的思维意识；从深度的层面来讲，本书的价值在于帮助企业老板建立股权经营的实践模式。

本书主要有五部分，下图为基本逻辑框架：

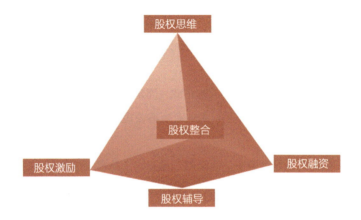

首先,笔者从股权思维入手,意在打通企业老板思维层面的任督二脉,从更高的角度去掌握股权经营的核心秘密;之后,笔者以工具方法作为写作的核心要素,让企业老板掌握股权激励、股权融资、股权整合的核心要点;最后,笔者将曾经服务过的三个典型企业的案例奉献给广大读者,包括分红股激励、期股激励、股权众筹三个典型案例,帮助企业老板更好地导入股权的相关方案,促进广大中小民营企业更好地成长。

相信认真阅读完本书,能够给您的企业经营管理带来更有价值的思维启发。

能够给您带来帮助,是笔者最大的幸事!

本书中有不足之处,还请读者批评指正!

饶勇军

2018.5.4

CONTENTS 目录

引言 看清核心与外围

第一部分 股权思维,透析运营本质

企业经营依靠的是产品或服务的利润获取收益,企业运营则寄托在企业经营的基础上,依靠资本运作成倍放大企业经营的收益,而资本运作的核心工具就是股权。股权思维实质上就是依靠资本运作实现快速裂变的一套创新思维。

第 1 章 是让公司赚钱,还是让公司值钱 /2

1.1 传统的赚钱模式,50% 的企业将倒闭 /2
1.2 不是行业不行,而是你不行 /7
1.3 值钱比赚钱更加重要 /16

第 2 章 公司是大家的,还是老板自己的 /22

2.1 老板很忙,员工很闲的核心原因 /22
2.2 企业经营的核心命脉:经营人心 /26
2.3 思维转换,跳出公司玩转股权 /30

第 3 章　股权是越分越多，还是越分越少　/34

3.1　股权激励考验老板分配智慧　/35
3.2　股份被稀释，财富在快速增值　/39
3.3　股权爆品战略：内部股权激励 + 外部股权融资　/45

第二部分　股权激励，引爆内部人才

　　股权激励机制实质上是一套基于人心、人性设计的利益分配机制，能让公司与员工成为利益共同体、事业共同体、荣誉共同体、命运共同体，激发员工动力，化解员工阻力，从而引爆内部核心人才。

第 4 章　是让员工花钱买股，还是免费赠予　/50

4.1　免费的股份，员工往往不珍惜　/51
4.2　条件不具备，先做分红股激励　/57

第 5 章　如何更好地保障激励的效果　/65

5.1　股权激励必须要有约束机制　/66
5.2　从内心激发员工对股份价值认可　/75
5.3　设计落地性极强的股权激励方案　/78
5.4　用文化激励为股权激励保驾护航　/84

第 6 章　如何控制股权激励风险　/89

6.1　股权激励不当带来的六大风险　/90
6.2　股权激励要有战略统筹规划　/95
6.3　设计控制权结构，防范权力失控　/102

第三部分　股权融资，整合外部资源

第 7 章　为什么要做股权融资 /114

7.1　股权融资带来的不仅仅是资金 /115
7.2　做股权融资需要设计战略路径 /119
7.3　用股权融资实现"星火燎原"计划 /123

第 8 章　如何确保股权融资获得成功 /126

8.1　优质的项目是股权融资成功的保证 /127
8.2　《商业计划书》是股权融资的敲门砖 /139

第 9 章　如何与投资者签订对赌协议 /147

9.1　深入了解你的投资者 /149
9.2　必要时，与投资者签订对赌协议 /152

第四部分　股权整合，创新商业模式

第 10 章　中小企业如何做好股权众筹 /160

10.1　股权众筹不拘泥于线上 /161
10.2　线下股权众筹方案设计 /163
10.3　借助会议实施路演活动 /173

第 11 章　如何用股权整合我们的客户 /178

11.1　用股权众筹整合经销商 /179
11.2　让消费者成为我们的股东 /185
11.3　股权并购，整合竞争者 /188

第五部分　咨询辅导，设计落地方案

范例一　川菜馆的分红股激励　/194

范例二　科技公司的期权激励　/207

范例三　工装企业的股权众筹　/228

附件 A　期股授予协议书　/242

附件 B　股东合作协议书　/249

附件 C　股东管理条例　/255

PART 1

01

第一部分

股权思维,透析运营本质

企业经营依靠的是产品或服务的利润获取收益,企业运营则寄托在企业经营的基础上,依靠资本运作成倍放大企业经营的收益,而资本运作的核心工具就是股权。股权思维实质上就是依靠资本运作实现快速裂变的一套创新思维。

CHAPTER 1
第 1 章

是让公司赚钱，还是让公司值钱

⊙ 本章导读

2016 年，有这样一家上市公司：企业经营得一塌糊涂，连续几年处于亏损状态，马上面临退市的危险，但是令人惊讶的是，该公司卖了北京的两套学区房，迅速扭亏为盈，奇迹般地保住了壳。

一时间，上市公司以出售房产，提高企业利润，通过卖房美化公司业绩保壳的现象也蔚然成风。这样一家几千人的上市公司辛苦劳作一年所创造的利润，居然抵不过在北京卖两套学区房的收益。

也许你会说这是个别现象，但是我们统计了中国上市公司的收益数据，近一半的上市公司当中，一整年的利润收益抵不过在北、上、广、深卖一套学区房的收益，这难道不值得我们所有企业经营管理者去认真思考吗？

□我们应该思考什么？

在当下中国经济结构处于调整与转型的时期，传统的企业经营与管理方式已经越来越无法适应新时期经济的发展需求，越来越多的企业经营艰难。

1.1 传统的赚钱模式，50% 的企业将倒闭

转型升级让中小民营企业经营艰难

相比中小民营企业，上市公司由于拥有良好的融资渠道，具备影响力的品牌、关键性的优势资源等因素，竞争力自然要比非上市公司强很多，即使这样，仍然有不少上市公司处于亏损状态，更别说那些非上市

的中小民营企业了。

据相关权威资料统计,中国民营企业平均寿命仅 3.7 年,中小企业平均寿命更是只有 2.5 年;而在美国和日本,中小企业的平均寿命分别为 8.2 年、12.5 年。

伴随着企业转型升级的关键时期,未能抓住关键要素进行转型升级而死掉的中小民营企业更是多如牛毛,中小民营企业家越发感到经营企业的艰难。

传统经营模式下企业的"三板斧"

在遇到发展的难题时,运用传统经营模式的企业,往往会亮出这样"三板斧":价格、广告和促销,打出这"三板斧"后,就别无他招了(见图1-1)。

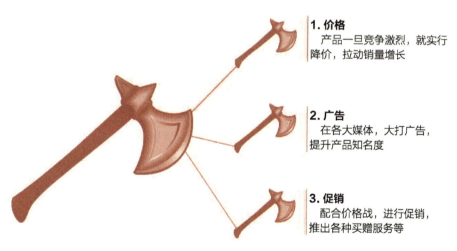

图 1-1　企业传统经营管理模式的"三板斧"

在物资匮乏的年代,价格、广告和促销的方式确实能很好地拉动企业销量增长,进而推动企业的发展,但是,进入新的时代,尤其是各行各业产能过剩、竞争加剧的时代,这种方式只会让企业经营越发艰难

（见图1-2）。

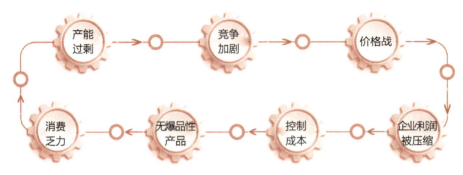

图1-2　恶性竞争闭环

改革开放40年，中国已经从物质匮乏的时代快速过渡到物质过剩的时代，此时，企业经营发展模式将发生深刻的改变。

物质过剩必然导致各行各业产能过剩，进而导致同质化竞争加剧，企业未来应对销量下降的风险，大打价格战，当越来越多的企业加入到价格战的大局之中，行业的整体利润就会被压缩，进而波及每家企业的收益。

这时候，很多企业为了生存与发展，不得不压缩企业成本，实行精细化管理，少部分企业能够抓住创新商业模式的机会，推动企业转型升级，进而脱颖而出，打造自己的爆品，推动消费升级，甚至引领消费潮流；而大部分企业，仍然采用传统管理方式，继续推行自认为仍然有效的"三板斧"策略，但效果有限，产品无亮点，商业模式没有新意，导致消费进一步萎缩，不得已，只好退出历史的舞台。

【案例】2016年知名企业已出现关店潮

2016年美特斯邦威巨亏超4亿美元，三年内关店1600家，创始人周成建离职。

波司登在2015年关店超过5000家，2016年关店550家。

百丽2015年关了400多家门店，2016已关近500家门店。

2015年，达芙妮一共关了805家门店，2016已关超500家门店，同期销售增长率下降11.7%。

李宁近三年亏损31亿元，关店近1800家，2016关店收窄，但整体盈利能力依然下滑严重。

Zegna公布的2015年业绩利润大跌，同比跌幅21%，净利润更是下滑45%；目前已占据奢侈品牌关店数量榜首，2016年关店15家。

2016年，香奈儿中国门店数为11家，是店铺最多时的一半。

Prada两年在中国关了16家店，2016已关店4家（包括Miu Miu）。

2015年，Burberry在中国关店10家，最终门店总数为68家，2016年已关5家。

2015年年底，LV关闭了3家中国门店，即广州、哈尔滨、乌鲁木齐三家门店。目前，LV在中国市场有约50家门店，2016年已关2家门店。

2015年，玛莎百货关了5家门店，2016年中国内地剩余的10家门店已全部关停，正式退出中国。

2016年年初，沃尔玛宣布全球关269家店，而2016年在中国已关10家店，关的都是三、四线城市的店。

目前黄太吉承认一半门店已关闭，北京的门店数量已经从44家骤降到了20家。

2016年，麦当劳在中国已关80家门店，麦当劳在中国目前有近2300家门店，正要像肯德基一样把中国业务全部打包出售，中信集团大概率接手。

……

知名企业尚且如此，更别说中小民营企业了。笔者常常对中小民营企业家讲：沿用传统经营管理模式，50%的中小民营企业将倒闭。这不是危言耸听，而是现实逼迫我们必须转型升级。

传统经营模式企业的表现

传统经营管理模式企业到底有哪些方面的表现？

如图 1-3 所示，传统经营管理模式企业主要表现在以下几个方面。

图 1-3　企业传统经营管理模式的表现

第一，产品同质化现象严重。大家互相跟风学习，什么东西好卖就生产和销售什么，苹果手机好卖，大家都模仿，甚至外形都一模一样。

第二，商业模式缺乏新意。严格来讲，很多企业缺乏商业模式，生产型企业，只是生产加工、销售产品，赚产品差价；服务型企业赚取服务差价。没有竞争门槛，谁都可以做，便意味着谁都做不好。

第三，组织运作效率低下。不少企业人员职责不清，内耗严重，毫无流程和章法可言，尤其是企业做得稍微大一些，内部管理就一片混乱，效率低下，什么CRM、ERP根本不懂，更别提数据化管理。

第四，机制设计问题多多。不少企业薪酬机制根本激发不了员工的动力，晋升机制、股权激励机制、考核机制、文化机制等，基本上没有，更别提合伙人机制了。

第五，毫无资本运作思维。大部分企业只想着埋头做事赚好眼前的钱，根本没有心思把企业做得更有价值，去赚未来的钱，甚至对接资本市场，因此，企业永远发展缓慢。

1.2 不是行业不行，而是你不行

各行各业隐藏机会

大量企业出现倒闭、关店、压缩规模等现象，不少企业老板感叹企业不好做，行业没有机会了；笔者经常听到企业老板讲，打算换换行业，去新的领域尝试尝试。

在笔者看来，企业老板千万别这么想，不是行业不行了，而是你的企业不行了，问题的核心就是企业家的认知出现了问题。

为什么这么讲？其实各行各业隐藏着太多的机会，只是需要我们具备一双慧眼，去挖掘隐藏在冰山下面的最有价值的东西，而要具备这样的慧眼，核心在于提升企业家的认知。

【案例】名创优品逆势而起

过去几年，零售行业遭遇了电商的重大打击，关店的风潮席卷全国，商铺租金的价格以每年12%的速度下滑。在各行各业转型的当口，零售行业可以说是最水深火热的了。走在街上，到处可以看到清仓甩卖、门店转让的标语。

但是有这样一家连锁企业，却逆势发展。它从零开始，在短短两年时间内，迅速做到了1400家连锁门店，销售额突破50亿元，它就是名创优品。

走进名创优品的门店，你会发现这样的现象，货架上摆放的全是琳琅满目的小商品：唇膏、墨镜、移动电源、小台灯、收纳袋，等等，产品看起来非常精致，让人有购买的欲望；再看看价格，都卖得很便宜，大多数商品都售价为10～29元。

设置在前门的收银台前，排起了很长的队伍，结账的大部分人都提着沉甸甸的篓子，里面装了不少产品，门店生意异常火爆。

为什么名创优品的生意会如此火爆？

第一，商品直接采购，省去中间渠道商环节。一家名创优品门店约有3000种商品，这些门店的商品绝大部分从800多家中国工厂直接定制采购，压缩了渠道中间商的成本。

第二，名创优品建立了强大的数据管理系统，对每家门店进销存进行严格的数据化管理，并做数据分析，这样可以找出哪些产品畅销，哪些产品滞销，一旦发现滞销的产品，迅速下架。这样，大大提高商品流转效率，一般百货店的商品流转时间为三四个月，名创优品可以做到21天。

第三，狠抓产品设计，打造爆品。名创优品对产品进行精心设计，除了食品外，全部产品使用名创优品的品牌，这样一方面掌握了商品的定价权；另一方面能够根据门店销售情况及时发现产品的问题，进行改进，让每件产品都是爆品。比如，在名创优品，10元一支的眼线笔最为畅销，自名创优品成立以来，销量累计达到1亿支；30多元一瓶的香水，年销量达到1500万瓶……不少产品一次次刷新历史销量纪录。

第四，投资加盟，模式复制。名创优品实行投资加盟的模式，由投资人租下并装修店铺，名创优品进行统一配货、人员培训、陈列指导等服务，投资人不需要花费很多精力，但是每年可以参与营业额分成，并且能快速收回成本，大大提高了开店速度。

名创优品成功的核心在于实行精细化管理，提升了企业运作的效率，以更低的价格提供更优质的产品和服务，进而超越其他竞争对手，脱颖而出。

其实不仅仅是在零售行业，在各行各业都可以大有作为。

--- 家具 ---

家具行业可以发展的方向也很多，包括智能家居、定制家具、"互联网+"模块化家具材料，都可以进行创新尝试。在营销上，家具厂商还可以和装修公司、房产中介公司等与自己的客户有关联性的商家合作，然后设计分配机制进行分成，甚至可以自己不生产家具，而是做一个交易平台，将买家与卖家整合到平台，在后期导入供应链金融、消费补贴，公司进行股权融资快速发展……

--- 餐饮 ---

餐饮行业可以创新的方向更多，进行标准化管理，模仿麦当劳、肯德基打造连锁餐饮门店是一个很好的方向；我们也可以在中国特色的菜

品上下功夫,借用微信支付功能,将客户导流到网络平台,然后在网络平台推送特色菜;做优惠促销、激励用户转发朋友圈进行奖励等,扩大影响力,来店消费还可以通过微信进行远程预约以及点菜等服务;当用户达到一定程度时,我们还可以借用该平台来做增值服务,推出与本店产品具有较强关联性的食品,进行网络销售。

也有不少餐饮公司不再仅仅局限于餐饮本身,而把视角拓展到文化,比如在重庆就有这样的餐厅,专门以毛泽东所在的那个年代为主题,做特色餐饮;无论是装修、产品、菜名都切合那个时代主题进行设计,同时,让每个服务员穿上红军军装,为顾客服务;在每天晚上6点半推出红色主题节目,包括舞蹈、歌曲、小品等,都切合时代主题设计,让客户在品味美食的同时,追忆当年的艰苦岁月。该餐厅每天爆满,不少客户甚至从很远的地方慕名而来。

--- 茶叶 ---

茶叶应该是最传统的行业了,并且是一个产能过剩非常严重的行业,但是仍然有不少人能够在该行业脱颖而出。

福建有这样一家公司,它与软件公司开发了一款以种茶、摘茶、炒茶、品茶为主题的小游戏,并且将自己的茶叶植入其中,客户在玩游戏的过程中,不仅可以闯关获得低价甚至免费购买茶叶的机会,还可以在其中学习茶道知识。当玩家越来越多时,它顺势推出与茶具相关的产品,并且出书立说,弘扬茶道文化。

云南一家客户,将卖茶做成一种体验文化。用户购买2000元以上的茶叶,便获得去茶叶基地免费游玩考察的机会。用户来到茶叶基地,不仅可以欣赏到当地优美的茶园风光,还可以免费吃住两天,还是住当地的别墅。除此之外，客户之前花费的购买茶叶的2000元钱，全部退还。

那有人会问，公司那不是在亏本吗？恰恰相反，公司会向来游玩的客户推介两个投资项目，一个是代理本公司的茶叶，缴纳一定费用成为代理商；另一个是销售本公司茶园，让客户参与茶园投资，投资者可以坐享收益，茶园的经营管理可以交给公司打理，当然，投资者如果有精力参与经营管理，公司也会全力支持，并配合做好茶叶加工与销售的工作。

公司制作精美的PPT，在各个培训活动平台针对企业老板进行路演，每次路演都能销售好几十万元的茶叶，那些花钱购买茶叶的客户，都想着去参观考察，但是实际上大部分人不会去，所以不去考察的用户不会退款，而那些来基地实地考察的客户，大部分都会花上几万块钱购买几亩茶园，部分人会缴纳一定费用成为代理商。

--- 健身馆 ---

健身馆可以有很多创新，传统的方式可能就是，消费者缴纳两三千元办理一张普通年卡，每天都可以过来健身，期限为一年。

健身房提供器材，偶尔有一些有教练指导的项目，比如踩动感单车、瑜伽、跳舞等，大家可以一起练习。客户办理了普通年卡后，销售人员可以继续跟单，引导客户办理一对一教练服务的VIP卡，或者销售其他产品。

我们发现，普通会员卡的前端，其实可以做成消费引流的产品，后端可以做有价值的增值服务。因此，有不少健身馆改变策略，办理普通会员卡可以拉低价格，降低门槛，让更多人先进来，健身馆会时不时为会员安排一些免费的健身辅导课程，比如跳舞、瑜伽、蹦床等；教练可以发挥自己的特长，引导学员缴纳一定费用，报自己的小班课程，学员报了自己的小班课程，教练可以参与分成，这在一定程度上激励教练做好服务，同时不断开发新的健身课程。

每个月初的周末，健身馆会举办一场养生的课程，邀请专业老师演讲，课程对健身馆的学员免费开放，学员还可带朋友过来，老师就可以在传授健身和养身知识的同时引导学员购买健身馆的养生书籍、养身食品、私人教练课程等。

每个健身馆的会员都可以介绍朋友过来免费体验一次健身，过来体验的对象必须填写个人资料，因介绍而办卡的会员还可以享受相应提成收益。

同时健身馆加强健身的趣味性，将各种有趣的健身活动融入其中，可以融入社交属性，让会员扫码成为健身馆的线上会员，甚至在线上线下开展社交活动，吸引客户。

健身馆在场内安放了好几台自动售卖机，会员可以使用健身卡，在场内刷卡购买饮料、食品或毛巾等。

有些健身馆还在周边推出养身餐馆，想尽一切办法"包养住"健身馆的客户。

当健身馆的盈利水平做上去后，这家健身馆就会成为总公司的一个样板，后面开展招商加盟、连锁复制就变得很轻松，甚至不少健身馆开始做股权众筹连锁复制，迅速裂变，由1家变10家，由10家变30家……

所以，各个行业都大有机会，关键是企业家能不能有创新思维，突破传统经营思维的束缚。

从三方面突破传统经营思维的束缚

如何突破传统思维的束缚，我们可以从三个方面入手：首先是产品创新；其次是机制创新；最后是商业模式创新（见图1-4）。

图1-4　企业经营层面三大创新方向

1. 产品创新

产品创新（包括服务创新）是企业所有创新模式的基础，没有一个很好的产品，所谓的机制创新、商业模式创新都无从谈起。

【案例】

为什么OPPO的手机一直卖得那么好？分析它的商业模式，其实也很简单，仍然是传统的打法，在各大媒体大打广告，请一线明星代言，大规模拓展实体店，建立密集的营销网络。这种打法没有什么新奇的，早在二十几年前，就有很多企业在这样玩，那些当年在央视争夺黄金广告位的企业，如今都不知了去向。

如今，在各大知名媒体大打宣传广告的企业，仍然不少，但很少有像 OPPO 这样，能够长期占据各大主流媒体，并且产品销售长盛不衰的。如今，OPPO 手机成功跻身国产手机销量榜第二名，为什么？

OPPO 成功的核心在于产品的创新，在于抓住客户的需求生产出具有爆品性质的产品。

同样，小米手机之所以成功，也是因为产品抓住了客户需求，打造了一款款体验感强的爆品，否则，所谓的粉丝经济、饥饿营销等都无从谈起，更别提小米的生态圈布局了。

2. 机制创新

机制创新是企业脱颖而出的原动力。所谓机制，就是一整套激励与约束的规章制度、管理办法，具体包括组织结构、流程设计、规章制度等。机制创新能够激发企业动能，创造更高的绩效。

企业经营的核心在于经营人，经营人的核心在于经营人的动力，化解人的阻力，而经营人的动力与化解人的阻力的核心方法在于建立一整套行之有效的激励与约束性制度，同时配合文化激励方式，从内到外影响员工的行为，进而推动企业发展。

【案例】

华为的成功，核心来自企业内部激励机制创新的成功。早在 1990 年，华为内部就推行股权激励计划，至今已实施了 4 次大型的股权激励计划。

1990 年，创业期的华为一方面由于市场拓展和规模扩大需要大量资金；另一方面为了打压竞争者需要大量科研投入，加上当时民营企业的性质，出现了融资困难。因此，华为提出了内部融资，员工持股的概念。

内部融资，员工持股不需要支付利息，存在较低的财务困境风险，不需要向外部股东支付较高的回报，同时可以激发员工努力工作的热情。

2000年网络经济泡沫时期，IT业受到毁灭性影响，融资出现空前困难。2001年年底，网络经济泡沫继续发酵，华为迎来发展历史上的第一个冬天，此时华为开始实行名为"虚拟受限股"的期权改革。

2003年，尚未挺过泡沫经济的华为又遭受SARS的重创，出口市场受到影响，同时和思科之间存在的产权官司直接影响华为在全球市场的表现。华为内部以"运动"的形式号召公司中层以上员工自愿提交"降薪申请"，同时进一步实施管理层收购，稳住员工队伍，共同渡过难关。

2008年，美国次贷危机引发的全球经济危机给世界经济发展造成重大损失。面对本次经济危机的冲击和经济形势的恶化，华为又推出新一轮的股权激励措施。

华为在内部实施的股权激励计划，将员工的利益与公司利益进行捆绑，激发了员工的动力，成就了今天的辉煌。

3. 商业模式创新

管理学大师彼得·德鲁克曾经说过：当今企业之间的竞争，不是产品之间的竞争，而是商业模式之间的竞争。由此可见，商业模式决定企业在市场竞争中的成败。

【案例】原来按摩椅还可以这样卖

按摩椅怎么卖？不少人的回答可能是直接放到网上卖，或者是和大型商业超市或商场合作，将产品铺货销售，抑或是自己开设门店，直接销售。我们发现这些方式往往都不是最好的，一台售价三四千元的按摩椅，无论是放在超市、门店或者挂在网上，一个月也销售不了几台，自然利润也不多，公司也很难做大。

可是有这样一家专门销售按摩椅的公司，将商业模式进行了创新，改变了企业交易结构，瞬间让企业获得突飞猛进的发展。这家公司将以前卖产品的模式变成了卖服务的模式，将一锤子的买卖变成了持续的价值创造。

首先，该公司和一些大型酒店谈合作，达成这样的意向，公司将为该酒店的每个房间免费配备一台按摩椅，公司提供售后服务。酒店顾客来住宿，看到有按摩椅，一般都想去享受一下，但是顾客必须投币才能享受按摩服务，十分钟一块钱，钱不多，一般顾客都会投几个硬币消费。日积月累，我们发现，一年的时间，公司就收回了按摩的投资成本，剩下的都是净利润。

于是，公司又和电影院、休闲吧、火车站、飞机场等机构合作，将按摩椅摆放在公共区域，便于顾客投币消费。

随着微信的普及，公司取消投币的方式，而在每个按摩椅上印刷二维码，顾客可以扫码支付消费，进一步方便客户；同时，扫码后的顾客，变成公司公众号平台上的在线会员，日积月累，公司公众号一下子就聚集了上十万的会员，俨然成为一家互联网公司。于是公司借助该平台顺势推出其他在线产品或服务，提升公司盈利水平。

目前，该公司已经被众多私募机构看中，成为优质的投资项目。

1.3 值钱比赚钱更加重要

运营创新，一夜暴富

企业产品创新、机制创新、商业模式创新是企业突破发展瓶颈的关键，而这只是停留在企业的经营层面，而运营层面的创新则是资本运作创新、价值提升创新、内部治理结构创新。

图 1-5　企业运营层面三大创新方向

经营层面的创新是基础保障，决定企业运营层面创新的成败；运营层面的创新是上层建筑，决定企业经营层面的创新是否有未来，它拉高了经营层面创新的高度，放大了经营层面创新的成果。

当我们将对企业的认知从之前仅仅限于经营层面提升到运营层面后会发现，我们视角的局限已经被打破，认知的提升会指引我们进入一个更加广阔的发展空间。

经营层面的关注点在于赚取产品或服务的利润；运营层面的关注点在于获得更大的成长空间，让公司值钱，进而赚取未来更大的收益。

如果说经营层面是"一代致富"，那运营层面则是"一夜暴富"。

【案例】单车销售 vs 共享单车平台

几十年来，单车销售一直在赚钱，可是却很少有说哪个做单车生产或销售的公司做得多么好，获得多少亿的融资，更别说这个行业的整合了。

进入共享经济时代，借助移动互联网的技术创新，共享单车开始进入我们的视野,大街上随处可见摩拜单车、ofo、小蓝单车、小鸣单车等,市民骑单车出行的热情一下子被点燃了。

资本市场早已捕捉到了商机,纷纷投资于共享单车领域。

在短短 6 个月的时间内,摩拜单车就完成了 5 轮融资,累计融资额达到 3 亿多美元。

截至 2017 年 3 月,ofo 宣布完成 D 轮 4.5 亿美元(约合人民币 31 亿元)融资,此次融资后,ofo 成为该行业内估值最高的独角兽公司。

2017 年 1～3 月共享单车已融资 8 起,累计金额约 70 亿元。短短两年,这个行业的 30 多家创业公司聚拢了来自 DST、金沙江创投、红杉资本、腾讯等约 60 亿元的投资。仅摩拜和 ofo 两家行业巨头,融资总额就达到了 9.4 亿美元。

2017 年 4 月,ofo 估值已超过 20 亿美元,此时,摩拜的估值为 10 亿美元。

成立仅两三年的公司,就可以把市值由零做到百亿级,这一切都是资本推动的结果,而资本之所以青睐这样的企业,核心原因在于企业的价值提升,它们具备值钱的基因,不仅仅停留在赚钱的层面,而是在此基础上进行了升华。

值钱与赚钱企业的差异

那么,到底值钱的企业与赚钱的企业有哪些差别?

表 1-1 值钱企业与赚钱企业的差别

值钱的企业	赚钱的企业
注重长期收益	注重短期收益
善于赚取资本市场的收益	善于赚取产品或服务的收益

(续)

值钱的企业	赚钱的企业
跳跃式发展	缓慢发展
处于运营层面	停留在经营层面
善于去整合别人	被别人整合
股权是核心	产品是核心

从运营层面来讲,企业无论是提升公司价值,还是完善治理结构,进行资本运作,核心着眼点都在于对公司股权的运作。

企业能不能值钱,关键点在于能不能将公司的股权打造成爆品,进而对接资本市场,这与我们传统的只做赚钱企业的思维有很大的不同。

如何让企业值钱

明白了做值钱的企业的重要性后,那么,接下来应该思考的问题是如何做值钱的企业?

1. 从赚钱思维过渡到值钱思维

所谓赚钱思维,实质上就是传统经营思维,缺乏创新,实行粗放式的管理模式,在遇到经营难题时,只会打出"三板斧",因此,经营也越发艰难,常常面临倒闭、关门、被并购的风险。

所谓值钱思维,就是一种创新的思维,它以资本市场中投资者眼里的值钱的企业作为企业顶层设计的目标,打造一个为更多人服务并获得财富的赚钱机器。

这种企业必须先在经营层面上,对产品、商业模式、机制设计进行创新,打造一家受投资者喜爱的公司;接着,在运营层面进行资本运作创新、内部治理创新、价值提升创新,将公司这艘船由江河带入大海,为其开拓更广阔的发展空间。

2. 从经营层面过渡到运营层面

前面我们已经讲过，一家上市公司一整年的利润，还抵不过在北、上、广、深卖一套学区房的收益，可是，我们会发现另外一个有意思的事情，那就是随便拿出一家上市公司，如果把公司的股份卖掉1%，就可以在北、上、广、深买上好几套学区房了，这是怎么回事？

前面的例子只停留在经营层面，谈的是公司利润；后面的例子提升到运营层面了，谈的是公司股份。差别很明显，这就是很多企业家觉得累，赚不到钱的核心原因。

3. 设计股权爆品战略路径

对于每一家公司来说，都有两种产品，第一种产品是公司的在销售的产品或服务；第二种产品就是公司的股权。第一种产品是基础，是保障，可以说如果没有做好第一种产品，第二种产品就无从谈起；第二种产品是上层建筑，是实现财富爆炸式增长的核心。

大部分公司只做了第一种产品，而忽视了第二种产品，因此公司的财富没有被真正激活。典型的例子就是老板一个人手握公司90%，甚至100%的股份，说白了，整个公司就是老板自己的。

我们发现一个有趣的现象，那些持有公司最大份额股份的老板往往都是把公司越做越小的老板；那些股份比较分散，持股份额比较少的老板，往往都成了千万富翁、亿万身家，甚至是首富。

【案例】

比尔·盖茨持有微软不到2%的股份，就能成为世界首富；马云持股阿里巴巴8.9%的股份，成为胡润富豪榜的榜首。再来看其他富豪，马化腾持有腾讯公司不到 10% 的股份，刘强东持有京东 20% 左右的股份，李彦宏持有百度 20% 左右的股份……那些富豪榜上的企业家，持有的股份份额往往并不多，但却成就了他们的富豪地位。

所以，**企业必须在这两种产品上下功夫：首先做产品爆品，在经营层面苦下功夫；之后做股权爆品，在运营层面快速裂变**。做好股权爆品的核心主要有两点：第一，在内部做好股权激励，实现企业上下同欲；第二，在外部进行股权融资，快速整合资源。

| CHAPTER 2 |
第 2 章
公司是大家的，还是老板自己的

⊙ **本章导读**

由老李分桃想到的

老李家有一颗桃树，这颗桃树离他们家比较远，但是离老王家比较近。老李很难看管这颗桃树，因此，经常有小孩去偷他家桃子，每年收获的时候，最多只能收到一半的桃子。

于是老李想了一个办法，告诉老王家，希望他们能帮助照看桃子，等桃子收获的时候，会分总产量1/3的桃子给他们。

从此以后，老王家不但不偷桃子了，而且还帮助老李家阻止其他小孩偷桃子。老李因此收获了更多的桃子。

同样是这棵树，同样是这么多产量，老李将桃子分了1/3出去，为什么最终获得的收成却增加了呢？

老李通过分桃的方式，将这棵桃树定位成了老李家和老王家的了，而不仅仅是自己所有，这样，老王家也一起操心，从而捆绑了大家的利益。

2.1 老板很忙，员工很闲的核心原因

老板干了不该干的活儿

老板忙死，员工闲死，这是管理的最大败笔。我见过不少中小企业，

发现老板特别忙，员工特别闲，结果就是老板好像成了给员工打工的了，这是什么原因？

老板干了销售总监的活儿，销售总监当然就成了废物；老板干了生产总监的活儿，生产总监就成了废物；老板干了人才招聘和培训的活儿，人力资源总监就成了废物……

所以老板一定要干老板该干的活儿！

什么是老板该干的活儿呢？

从经营层面来讲，抓三大核心：商业模式创新、激励机制设计、产品创新；从运营层面来讲，也是抓三大核心：资本运作、治理结构完善、公司价值提升。

我们不少老板每天忙着低头拉车，都没有时间抬头看天；忙着解决战术问题，却忽略了战略问题。所以，**老板千万不要用战术上的勤奋去掩盖战略上的懒惰！**

【案例】

曾经，一个河南的企业老板向笔者诉苦说："企业难做，公司难管啊！"

比如，我每天早上一到办公室，人力资源的经理就过来汇报事情：赵总，这个月的人力资源怎么规划，需要招聘什么人，还有就是上个月进来的新人怎么培训？我说应该怎么怎么弄……说了一堆！

一会，营销总监过来问我，这个月的营销计划怎么做，涉及重大问题，我让他把销售部门的经理都叫过来开会讨论，讨论了一个上午，最终也没有什么结果，我只好顺延一天，我回去再想这个问题……

中午都没时间吃饭，财务部门的又过来找我……

忙得晕头转向，还打算抽出点时间去见见刘总，和他谈谈合作的事情，结果一下子又给忘了……

我想不少企业家朋友都有遇到上述问题，并且还很多！为什么？

老板不能抓核心！不能去解决根本性的问题！后来，我给他以下建议。

人力资源的经理来找你，你让他自己去带领下属，出两套人才招聘和培训的方案给你。你问他：什么时候可以弄好！他说三天！然后你可以说：就三天这个时间点，你把方案交来，完成任务怎么奖励？失败了怎么处罚？你把奖励和处罚规则交给他自己定。如果他完成任务了，你除了奖励之前说的奖金，还会增加一些奖励作为鼓励；如果没完成，让他自己自愿去接受处罚。

同样，营销总监过来问你营销的事情，你也这样告诉他，让他自己召集营销部门经理开会，一起做三套不同的营销方案，完了再交给你，同时自己制定惩罚和奖励机制……

三天过去了，他们准时给你提交自己的方案，你一看，或许会大吃一惊！他们个个都比你自己制订的方案要强，更贴合实际！于是，你可以选择出最优方案，并在会上进行激励宣导，授予奖励，再让他们去执行。下面的员工，一方面受到鼓舞，另一方面，去执行自己制订的方案更加有感觉，因此积极性也更高。

这样，你慢慢放手让他们自己去做，你在旁边观察。结果你会发现，原来公司人才辈出，于是你可以抓住机会，提拔一批优秀人才。

所以，**老板要解放自己的双手，首先就得学会解放自己的大脑；要解放自己的大脑就要学会借用别人的大脑。**

老板将公司定位成自己的了

【案例】中国改革开放 40 年取得了辉煌的成就,核心原因是什么?

政策变了,实质上就是机制变了。

改革开放前,所有的东西都是国家的,人民为国家干,吃大锅饭,所以是吃国家的,就不在乎。人民公社,干多干少一个样,都是为国家出力!所以,老百姓没有动力。

改革开放后,实行联产承包责任制,土地是农民的了,农民瞬间有了动力,为什么呢?因为是给自家干。普通民众可以开公司了,民营企业可以发展了。人民为自己干,动力瞬间增强。

如果把国家比作公司,那各位老板就是员工,请问国家公司的员工努不努力,各位老板努不努力?加班加点,熬夜地干;花钱买书学习,自己花钱请咨询师上门辅导,国家有没有报销费用?很显然,因为给自己干,自己学了给自己创造价值,所以,花多少钱都值得!

那么员工为什么在我们公司没有动力呢?因为你把公司定位成自己的了,就像改革开放前所有的东西都是国家的一样。

正是因为你把公司定位成自己的了,所以,机制设计上把员工变成是在给公司干,实质是给你自己干,而不是在给员工自己干!

我们从图 2-1 可以看出,老板将公司定位成自己的,所以不敢分配,进而导致公司越做越小,公司股份失去价值;反过来,如果老板能够提升自身格局,将公司定位成大家的,公司也会越做越大,老板获得的收益往往更多。

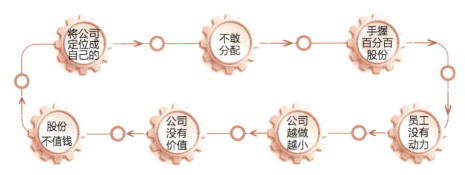

图 2-1 传统股权思维的误区

为什么互联网公司、创新型的公司都是民营企业,而是不是国有企业?

国有企业为国家干,民营企业为自己干。

所以,**是谁的,谁操心;是谁的,谁就有动力去做!**

2.2 企业经营的核心命脉:经营人心

企业经营的核心

我们思考这样一个问题,小企业与大企业的本质差别是什么?

是规模大小不同,还是员工素质的高低,又或者是公司现金流状况,公司资源不同吗?

很显然,这些都只是表面的不同,如果你只是看到这点,就只是停留在外围,还没有进入到企业经营的核心!

小企业老板经营事,大企业老板经营人,依靠人去经营事。这是大企业与小企业最根本的差别!

我们发现:小企业老板都特别忙,反而是那些大企业的老板,却比较悠闲,打打高尔夫、喝喝茶、吃吃饭……

还有一个现象，在公司，小企业老板做了大部分的业绩，而大企业，老板根本不做业绩，但是只要老板一出手，却了不得，签回来的都是百万、千万的大单……

这些问题的核心是什么？

小企业依靠老板去带头做事；大企业在建立标准、规范流程，重在规范人的行为，激发人的动力。

一个只有10人的小公司，每天想的问题可能就是如何把产品卖出去，如何把钱收回来，如何开发更多的客户……而一家拥有成百上千人的公司，思考的问题更多是：如何挖掘优秀人才，如何在公司的平台上调动他们的潜能，实现公司既定目标。

所以，经营企业的核心是什么？很显然，是人，而不是事。如果将经营的核心放在事上，那么你此生就是一个小老板；如果能将经营的核心放在人上，那么你此生注定会成为一个伟大的企业家。

所以，**老板能够驾驭多少人才，此生便会有多大的成就。**

动力与阻力系统

懂得经营人的老板，都是懂得经营人心的老板；懂得经营人的动力和阻力的老板才是成功的老板。

一个员工不愿意做出改变，第一是因为老板没有给予他想要的动力；第二是因为他的阻力没有化解。

【案例】

一个人走了两个小时的路，累了，不想走了，想休息。好了，你告诉他前面有一个美女在等他，他瞬间来了精神，一下子就走到了前面了……走了半天的路，脚都起泡了，实在是不想走了，你再告诉他前面有美女，他也提不起兴趣了。这个时候，从丛林中蹿出来一只老虎，直接向他扑过来，他瞬间就来了精神，都不走了，变成跑了，并且跑得飞快，潜能立刻被激发出来……

前面的美女给他带来了动力；后面的老虎化解了他的阻力。
不懂得经营人的动力和阻力的老板，连夫妻之间相处都会遇到问题！

【案例】

我有个异性朋友，经常向我抱怨，抱怨什么呢？

她经常说她老公懒，说他就像是一头猪，回到家啥事情也不干。

我就故意和她开玩笑，既然你都知道他是一头猪了，还嫁给他，那不是说你比猪还笨！

她说："之前可不是这样的！在嫁给他之前，他非常勤奋，每次去他家，他都把房子打扫得干干净净，完了还经常煮饭给我吃……可现在，啥事也不干，下班回家，就躺在沙发上看电视，等我做饭，吃完了也不帮我搞卫生……"

我说："你家男人的懒都是你一手培养出来的！"为什么？

这都是因为你太勤奋了！你干了煮饭的活儿，男人就不用去煮饭了；你干了洗碗、拖地、洗衣服的活儿，男人就没事可干了。时间久了，就形成习惯了，他自然就没有动力了！

高明一点儿的人都在怎么做？每次老公肚子饿了要你去做饭的时候，先别，先去把地拖了，把碗洗了……不去做事，不准上桌吃饭……

这才是高人啊！！！

同样，你培养你家小孩也是这样，你要求你家孩子写作业，不写完，就没有零食吃，写得好了，还有奖励，告诉他周末带他去游乐园玩……小孩子瞬间就有了写作业的动力！

人一旦有了动力，阻力又被化解了，瞬间就会向前进！

【案例】

烧锅炉的工人每天铲煤到炉子里，燃烧发电。工人每个月的工资是固定的，所以每天的工作也是固定的，当然，这本来也不需要什么创新，因为工人就干这一件事，就是铲煤到炉子里燃烧！

工人每个月工资3000元，发电3万度，需要燃烧10吨煤。

好了，新来的厂长改变了工人的游戏规则，规定：发电3万度，燃烧煤炭低于10吨，有奖励，节省1吨煤，奖励200元；超过10吨煤，要接受惩罚，超过1吨，罚钱100元。

好了，工人为了赚到更多钱，开始想办法了！

工人长期在一线，知道怎么提高煤炭燃烧的效率。之前就知道一个劲儿往锅炉铲煤，煤炭烧的都是烟，效率很低，于是他们找来几根很长的铁叉，把煤炭支起来，提高燃烧效率，烧得差不多了，再往里面铲煤。这样大大提升了燃烧效率。

推行新的机制一个月了，相比过去，生产同等电量节省煤炭10%；推行了半年，节省煤炭25%。而工人的收入和工厂的利润都同比增加了！

由此可见，通过重新设计分配机制，可以调动员工的动力和创新能力！

同样，经营企业，我们需要设计一整套能激发员工动力，化解员工阻力的机制，激发员工去努力实现既定目标，从而实现公司的战略目标。在后面的章节中，我们将重点围绕股权设计的激励机制进行探讨，这里不再详述。

2.3　思维转换，跳出公司玩转股权

敢分是格局，会分是智慧

老板的传统思维是将公司定位成自己的，所以自己受累，那么，老板如何将公司定位成大家的呢？核心方法在于分配机制的设计。

【案例】

胖东来，不知道各位企业家有没有人听说过？河南商界具有知名度、美誉度的商业零售企业。这家公司很特别，因为公司从上到下，就是和别的公司不一样。

怎么不一样？连打扫卫生的阿姨，都是跪着用毛巾擦地板，简直是把商场当成了自己的家；你去找保安问路，一般比较好说话的保安会告诉你在哪在哪，不太好说话的就说不知道了，而这家公司的保安会亲自带你去你找的地方……

老板很少来现场视察，但是公司员工各个尽心尽力，为什么？

核心原因就是老板敢分钱。别的公司给基层员工2000元的工资，而他敢给5000元，远远高于行业水平。

胖东来的老板于东来从来不把员工的薪酬当作成本，因为他知道钱是越分越多，而不是越分越少！

一个人能够成就多少人，此生便会有多大的成就。你能帮到几十人，充其量就是一个小企业的老板；你能帮到几万人，你就是一个值得他人敬重的企业家；你能帮到上亿人，你就是一个伟大的领袖……

所以，企业要想做得大，老板首先要有格局和胸怀，**敢分是格局，会分是智慧。**

老板给员工分钱，不是越分越少，而是越分越多，核心的关键在于如何分配。

老板学会分市场的钱，分未来的钱，企业才能越做越大。老板给员工奖车奖房，不是心血来潮，而是以结果表现说话。

【案例】

今年完成业绩500万元，年底公司奖励一辆价值10万元的汽车；这个月完成100万元目标，超过目标的部分，公司和员工四六分成，公司得四，员工得六……给予员工高额回报，员工积极性一下子就调动起来了。

敢分不是增加成本，而是创造效益

很多老板有个误区，认为给员工分钱多了，会大大增加公司成本，企业就不赚钱了！

老板最大的一个误区就是增加人手，降低每个人的工资，采用人海战术，这是大错特错。因为每个人薪资低，动力就不足，绩效会很差，配备大量人员大大增加公司成本，同时给公司增加了经营的风险！

【案例】

你让7个人干活，每个人工资为4000元/月，7个人的工作都不饱和，同时，由于工资低，员工也没有什么动力，导致公司效率低下，懒散文化盛行。

同样的事情，实际上4个人就可以干完，那我们为什么不让4个人去做？

公司进行改革，裁员3人，只配备4个人，每个人每个月给6000元，这样，每个人的平均工资提高了，员工更有动力了，同时，员工工作处于饱和状态，员工积极努力做事，在公司营造了一种你追我赶的文化氛围。这种文化会形成无形的影响力，因为之后招募的新员工，都会被这种环境所感染，积极努力工作。

从财务角度来看，之前公司需要每个月支付2.8万元的工资成本，改革后，实际上只需要支付2.4万元工资成本，还节省了0.4万元。

老板不仅要学会分钱，还要学会分股权、分荣誉。

对于一家公司来讲，最值钱的东西就是公司的股权，最不值钱的东西也是公司的股权。为什么这么讲？

股权就像是我们握在手上的沙子，你抓得越紧，沙子往往会从指缝流走越多。所以，敢分、会分的人，反而会得到更多。

员工不会忠于老板，但会忠于利益

我们首先思考这样一个问题：企业到底是应该重用忠诚的员工，还是重用不忠诚的员工？在回答这个问题之前，我们先思考：在企业中，是有能力的人更加忠诚，还是没有能力的人更加忠诚？

很显然，从现实的情况来看，往往是那些没有能力的人更加忠诚。比如，我们花重金聘请了一位总经理，如果他最后在公司得不到想要的收入，他就会立马离职，转投别的公司，这是为什么呢？

就连老板自己都这样，在别人的公司上班时，刚有点儿能力，学了点儿东西，就想着自己另立门户，自己出来创业，这又是为何？

再来看，公司那些最底层的员工，工作了好几年，能力没有什么提升，但是忠诚度却是很高，老板要他去做什么，他就勤勤恳恳地去做，任劳任怨，打也打不走。为什么这么忠诚？因为他们明白，自己能力不够，去别的公司也不好混，况且工作不好找，去了别的公司，还没有这家公司老板给的待遇好。

所以，现实的社会就是这样：**有能力的员工往往三心二意，无能力的员工往往忠心不二**！

既然这样，老板就不要指望员工能够从内心忠诚于你、感恩于你，**因为利益决定忠诚**！

老板要想让员工忠诚于自己，必须找到让员工忠诚于自己的理由，给他该有的收益。

所以，企业家朋友千万不要幻想着员工对自己忠诚，而是应该设立相应的股权激励机制和文化机制，去满足员工的梦想、员工的欲望，员工才能踏踏实实跟着你干，才会对你忠诚。

| CHAPTER 3 |
第 3 章

股权是越分越多，还是越分越少

⊙ 本章导读

不知道大家有没有遇到这样的老板：你先帮我把事情做好，后面的好处绝对少不了你！说这种话或者表达类似意思的老板应该不在少数。要我说，说这种话的老板就是"大忽悠"、骗子！为什么这么讲？

你事先不定好游戏规则，就给别人画饼造梦，让别人先干！谁都不是傻瓜，谁都明白你的"用意"。所以，最终的结果就是员工阳奉阴违，老板愁眉不展。核心原因是什么？

天下不是打出来的，更不是忽悠来的，而是分出来的！

【案例】

刘邦对韩信讲，你帮我打下江山，我封你为齐王；对彭越讲，你帮我打下江山，我封你为梁王；对英布讲，你帮我打下江山，我封你为淮南王……刘邦一与项羽交战，就节节败退，可是最终却能夺取江山，为什么？由于他敢于分配，所以有大将帮他打江山！

企业家一定要想明白：是先定好分配的游戏规则，还是先让员工做好事，再定分配的游戏规则。

先定分，后做事，再履行诺言，事必成；先做事，后定分，事必败！

3.1 股权激励考验老板分配智慧

股权激励不是股权分家

对于企业家来讲，大部分还是很愿意和员工分享公司发展带来的收益的，但是，在实际操作过程中，敢分并不一定能带来更好的效果。

【案例】

笔者在重庆做咨询辅导的时候，曾经遇到这样一个企业老板，估计很多企业老板会对他的痛苦经历有同感。

这位老板姓赵，笔者来的第一天就被他拉住，硬是要我给他建议。

事情还得从3年前讲起，当时，赵总经营一家做电子配件生产与销售的公司，在当地做得红红火火，这也让赵总赚了不少钱。

自己赚钱了，但是一直跟随自己打拼的兄弟们却赚钱不多，尽管年底也给他们发了不少的奖金，但是，赵总总觉得心里有愧，打算将自己的股份拿出一半给核心的高管，一方面是为了奖励他们的贡献，另一方面也希望和他们一起把事业做大。

于是，公司副总经理齐总获得20%的股份，剩下两个总监每人获得10%的股份。购买股份的资金，从激励对象一年的薪酬中抽取一半，也就是当年每个月只给他们发放一半工资，另一半作为购股资金抵扣。

一年之后，赵总去工商局变更注册，将这三位元老也变成公司股东。可是问题就从那时开始出现了。

成为股东的三人经常联合起来，对老板的决策指手画脚，甚至在股东大会上投反对票，导致决策效率低下。前段时间，就收购一家电子贸易公司的问题,最后三位股东给赵总投了反对票,导致收购失败,错失发展的大好机会。

更令他烦恼的是,赵总希望将公司利润中更大的一部分作为来年的发展资金,但是其他股东都希望拿出大部分利润先分红,赵总注重长期发展,其他股东过于短视,这也导致彼此矛盾不断。

对于企业老板来讲,股权分得不好,往往会带来致命的问题,还不如之前没做股权激励,这些话不是危言耸听。

就像上面的问题,赵总和其他股东之间的矛盾会一直存在,这不但会影响企业的发展,还会让之前的好兄弟变成仇人,更别提未来的股权融资、上市了,首先股东之间的矛盾就会让大部分投资者望而却步。

老板必须明白,股权激励不是股权分配,更不是股权分家。

股权激励不到位,带来严重后果

股权激励不到位,到底会给创始人带来哪些问题?股权激励不到位带来的风险,如图 3-1 所示。

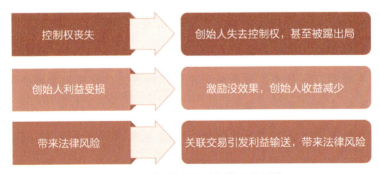

图 3-1 股权激励不到位带来的风险

1. 控制权丧失

企业创始人失去控制权,就像是上面案例中的赵总一样,这对于企业的发展来说是非常不利的。伴随着企业的发展,创始人的股份需要被逐步稀释,这就需要有一个节奏,在企业的不同发展阶段,股份释放的比例会有所不同,如图3-2所示。

图 3-2 不同发展阶段,创始人股权释放的比例

创始人在企业的不同发展阶段,需要牢牢把控企业的几条控制线,以避免企业失控的风险。当然也有不少企业创始人从一开始就是好几个人合伙,领头的创始人本来股份比例就不多,根本没办法把握住以上的控制线,这时候,创始人可以通过其他方式保障控制权,比如与后来的股东签订股权委托协议或相应的权利约束性条款;采用成立持股公司、回购部分股份等方式,保障创始人控制权。

2. 创始人利益受损

持有股份带来的收益,主要包括三部分:股权分红收益、股权转让收益、股权溢价收益。创始人股份被稀释,意味着创始人股权比例下降,如果股权释放后，公司没有获得发展，经营管理水平仍然维持原状，公司各项财务指标也没有任何改变，那就意味着创始人所得分红收益会减少，股权转让收益会减少，股权溢价收益会减少，这对于创始人来说，意味着利益受损。

3. 带来法律风险

创始股东占股 100% 基本上没什么法律风险，伴随着股东越来越多，创始人股份被稀释后，企业已经不是某个人的企业了，创始股东在进行重大决策时，必须征询其他股东的意见，在股东大会上获得投票才能通过。

但是，有不少创始人股东由于掌握了企业的控制权，公司仍然是创始人一个人说了算，因而当某些行为损害其他股东的利益时，往往构成违法行为，其他股东有权起诉创始人。

【案例】

王总是一家生产、销售家具的公司的联合创始人之一，也是该公司的第一大股东和发起人。

2012 年，王总联合张总、冉总、范总一共四位股东共同约定，注册成立家具公司，王总出资最多，又是发起人和实际操盘人，占股最多，达 55%。经过几年的发展，王总在公司实施了内部股权激励，同时进行了一起风险融资，因此，他的股份也被稀释，逐步降到 34%。

2015 年，王总又联合自己的堂弟成立了另外一家公司，专门负责木材的生产与加工，王总占股 90%，王总的堂弟占股 10%。

王总利用自己是家具公司的第一大股东和实际决策人的地位，与自己的木材公司进行合作。

为了套取更多的利益，王总从木材公司采购木材的价格往往高于同行业水平，套取了巨大的利益。

范总作为公司的财务总监，多次向王总提议停止关联交易的行为，王总不听，认为公司是自己的，怎么做都没问题。

于是，范总联合其他股东将王总告上法庭，此时，王总才知道问题的严重性。

3.2 股份被稀释，财富在快速增值

股权激励不做等死，做错找死

对于不少企业来说，不做股权激励是等死，做了股权激励而没做好是找死，为什么这么讲？

越来越多的企业经营越来越困难，困难的核心原因主要在于：一方面，行业竞争越来越激烈；另一方面，人力资源成本越来越高。

同一行业，别人的企业做了股权激励，员工动力更强，企业对人才的吸引力更强，而你的企业没有做股权激励，就可能在竞争中越来越处于弱势，人才流失、人心涣散，久而久之，终将退出历史的舞台。

好了，那些做了股权激励的企业，如果做得不到位，就像前面案例中的赵总一样，失去对企业的控制权，或者出现类似上面案例中王总做关联交易带来的法律风险，这往往给企业发展带来更严重的后果。

股权爆品路径设计

一个好的股权释放路径必须是伴随着公司的发展，在内部实施股权

激励,在外部实施股权融资,快速推动企业溢价升值的过程。

【案例】四年百亿企业的股权爆品路径

获得风险投资机构的投资一直是许多中小民营企业梦寐以求的事情,这样一方面可以获得企业发展的资金,同时不会增加企业债务;另一方面风险投资机构的参与意味着它对自己经营项目的认可。

笔者曾经为这样一家企业做风险融资的咨询,并帮助其制作了《商业计划书》。在笔者接触该公司的时候,该公司还是一家年产值在2000万元左右的中小民营企业。该公司的产品做得非常棒,商业模式具备创新性,企业成长性很好。

在笔者的建议下,该公司在内部做股权激励,之后,开始进行股权融资。首期风险融资就获得了一家天使投资公司的认可,该投资公司投资了200万元,占股10%,股权比例如图3-3所示。

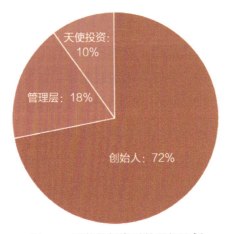

图3-3 天使轮投资后的股权比例

在第一笔资金到账后,公司获得快速发展。很快,200万元资金即将用完，在天使轮投资进入的一年后，公司进行了A轮股权融资，增发15%的股份给投资者，获得了1500万元资金。同时，公司与风险投资者A签订了对赌协议，约定公司销售额、利润率在两年内必须每年保持50%的增长速度，否则，创始人和管理层合计增发10%的股份补偿给风险投资者A。

获得A轮融资后，公司快速发展，第一年销售额达到1.8亿元，增长55%；利润达到3800万元，增长68%，顺利完成第一阶段任务。

第二年，公司开发新产品，研发投入比较多，行业不景气，导致公司业绩并不理想。尽管大家都付出了很多，但是销售额增长率只完成了37%，利润增长率只完成32%，因而触发了对赌协议的补偿条款。调整后，股权比例如图3-4所示。

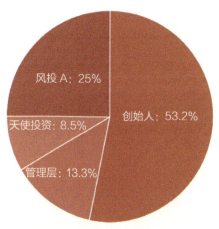

图3-4　风投A进入并触发对赌条款后的股权比例

吸取了A轮风险投资的教训后，公司调整经营战略，稳扎稳打，并着手进行B轮融资。在风投A的引荐下，风投B加入进来，并带来其他两个跟投机构，风投B和其他跟投机构一共投资5000万元，占股10%，股权比例如图3-5所示。

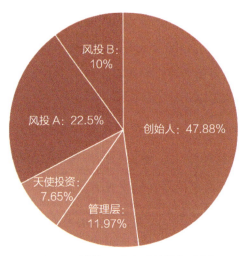

图 3-5 风投 B 进入后的股权比例

公司逐步进入稳步快速发展的通道，半年之后，私募机构 C 进入，此时公司估值达到 20 亿元。风投 C 投资了 2 亿元，占股 10%，股权比例如图 3-6 所示。

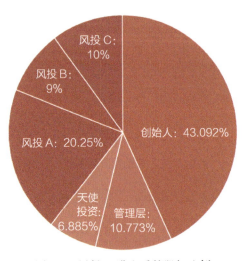

图 3-6 风投 C 进入后的股权比例

借助良好的现金流,公司收购整合了几家同行业的竞争者,竞争力逐步增强,公司各项指标已经符合上市标准,为此公司决定:引入D轮融资后,开始着手IPO,为此,具备一定上市操作能力的私募机构D加入进来,投资2.5亿元,占股10%,股权比例如图3-7所示。

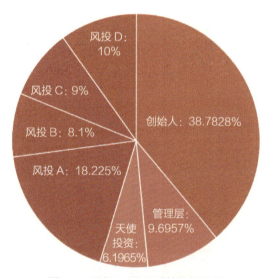

图3-7 风投D进入后的股权比例

不久之后,公司在创业板成功上市。

公司增发30%的股份作为流通股,在二级市场交易;公司总股数达到10亿股。上市首日,公司股价达到15元,连续几日的涨停板后,公司股价达到22元,此时,公司总市值达到220亿元。

从表3-1可以看出,尽管创始人的股份在不断被稀释,但是股权价值却在快速增长。天使轮时期,创始人股份价值只有1400万元,上市后,股份价值达到接近60亿元,增长400多倍。天使轮投资者投资200万元,上市后变成近10亿元,增长500倍,可以说是次轮资本盛宴中最大的赢家,当然,它也承受了巨大的风险。

表 3-1 公司股东股权占比及股权价值统计

股东	天使轮		A轮		B轮		C轮		D轮		IPO后	
	股权占比(%)	股权价值(千万元)	股权占比(%)	股权价值(千万元)	股权占比(%)	股权价值(千万元)	股权占比(%)	股权价值(千万元)	股权占比(%)	股权价值(千万元)	股权占比(%)	股权价值(千万元)
创始人	72.000 00	1.440 00	53.200 00	5.320 00	47.880 00	23.900 00	43.092 00	86.184 00	38.782 80	96.957 00	27.147 96	597.255 12
管理层	18.000 00	0.360 00	13.300 00	1.330 00	11.970 00	5.985 00	10.773 00	21.546 00	9.695 70	24.239 25	6.786 99	149.313 78
天使投资	10.000 00	0.200 00	8.500 00	0.850 00	7.650 00	3.825 00	6.885 00	13.770 00	6.196 50	15.491 25	4.337 55	95.426 10
风投 A	—	—	25.000 00	0.500 00	22.500 00	11.250 00	20.250 00	40.500 00	18.225 00	45.562 50	12.757 50	280.665 00
风投 B	—	—	—	—	10.000 00	5.000 00	9.000 00	18.000 00	8.100 00	20.250 00	5.670 00	445.500 00
风投 C	—	—	—	—	—	—	10.000 00	20.000 00	9.000 00	22.500 00	6.300 00	138.600 00
风投 D	—	—	—	—	—	—	—	—	10.000 00	25.000 00	7.000 00	154.000 00
流通股	—	—	—	—	—	—	—	—	—	—	30.000 00	660.000 00

3.3　股权爆品战略：内部股权激励 + 外部股权融资

从战略层面设计股权爆品

对于不少企业老板来讲，其根本没有股权爆品的思维。所谓股权爆品思维，就是通过运用内部股权激励，外部股权融资等一系列方式、方法实现企业价值升值的思维模式。它站在企业战略的高度对企业进行顶层设计，建立在良好企业经营的基础之上，通过有效的企业运营实现价值快速提升。

没有股权爆品思维的企业的主要表现，如图 3-8 所示。

图 3-8　无股权爆品思维的企业的主要表现

当然，也有不少企业做了股权激励或者正在打算做外部股权融资，却遇到了不少的问题，比如做了股权激励没有效果，这是很多企业最头痛的问题，为什么没有效果？

核心原因是员工没有看到公司股权的价值。决定公司股权有没有价值的因素是多方面的，可能涉及企业经营管理状况、企业产品、企业营销，甚至是企业老板信用水平，但是最能直观地展现出企业价值的东西就是企业有没有做外部股权融资，这是因为股权融资能快速提升公司股权价值；通过做外部股权融资，内部员工一下子就看明白了，购买股份的动力以及工作的积极性就被瞬间引爆了。

为什么很多企业做股权融资不成功？

原因是多方面的，最核心的是企业经营管理水平，而体现经营管理水平最核心的东西就是人，也就是核心团队（核心团队是否优秀，公司员工是否被引爆），而股权激励却是引爆核心团队的关键。

国外机构做了这样一个统计，同等规模的企业，做了股权激励的比没有做股权激励的企业的市值要高出17%；风险投资机构更倾向于选择做了股权激励的企业进行投资。这也就是我们一再强调股权爆品战略思维的原因，因为它是一整套以股权为核心的思维模式，是一个站在战略层面做企业顶层设计的系统工程。

内外兼修，打通股权的任督二脉

【案例】

没有太大野心的企业老板，对企业发展到底是好事还是坏事呢？笔者曾经就遇到这样一位，这位企业老板就是典型的没有太大野心的企业家。

这位企业老板给我讲，他自己岁数也大了，没有年轻时那样敢打敢拼的勇气了，现在不图把企业做多大，平稳发展就好了，什么融资、上市，在他认为，都是不务正业、好高骛远。他压根就没想过这些事情，觉得安安稳稳地把企业踏踏实实地经营好就行了。

可是最近公司发展遇到了一些问题，陆陆续续有一些公司的核心高管离职出走，公司很多优质客户也被带走，发展遭遇严重挑战。为此，他一把年纪了还专门出来听课学习，回公司后开始在内部进行股权激励的改革，将公司的核心人才变成公司股东，可是仍然没有什么效果，为此，这位企业老板专程邀请笔者到企业做咨询辅导。

经过一轮调研后，我终于知道了核心问题所在，光有内部股权激励，没有整套提升股权价值的战略规划,也就是外部股权融资计划,当然股权激励也没有做到位。

没有股权融资、并购或上市计划,意味着公司股份流通性非常差,再加上公司对持股对象的股份没有回购的义务,股权激励对象看不到公司股份的价值,没有购买股份的动力,即使购买了,也是迫于公司的压力,不是自愿的,因此也产生不了动力。公司人才流失,业绩下降,意味着公司是在走下坡路,此时,大家更不愿意掏钱买股。

为此,笔者对该公司的经营层面和运营层面进行双重梳理,提出在内部实施股权激励的三步走战略规划,在外部实施股权融资的资本运作方案。

股权激励三步走战略规划主要指:第一步,在内部实施收益分享计划,也就是分红股激励方案;第二步,对公司几位核心高管实施期股激励方案,树立榜样和标杆;第三步,对公司的全体管理人员实施期股激励方案。

外部股权融资方案包括两部分:第一部分是针对经销商实施股权众筹方案,使更多经销商成为企业股东,捆绑发展;第二部分是对项目进行包装,制作《商业计划书》,实施外部股权融资,引入风险投资机构。

经过两年的发展,公司不仅获得了想要的风险投资资金,队伍也快速壮大,团队整体士气大大提升,更重要的是,这位企业老板也从以前那种每天繁忙的工作状态中解脱出来,能够放心大胆地把更多事情交给下面的人去做,这也为企业继承创造了条件。

如果将股权爆品战略比作武功绝学,那么内部股权激励和外部股权融资就是打通任督二脉的关键,只有借助这两项工具打通了任督二脉,企业股份才能更有价值,才能真正打造一家值钱的企业,实现价值最大化。

PART 2

第二部分

股权激励,引爆内部人才

股权激励机制实质上是一套基于人心、人性设计的利益分配机制,能让公司与员工成为利益共同体、事业共同体、荣誉共同体、命运共同体,激发员工动力,化解员工阻力,从而引爆内部核心人才。

| CHAPTER 4 |
第 4 章

是让员工花钱买股，还是免费赠予

⊙ **本章导读**

在爱情的世界里，不知道大家有没有发现这样一个现象：你越是追求一个人，为这个人付出越多，你会发现自己爱她越深。

今天你请她吃饭、看电影，只是有点喜欢她；明天你花了好几年的积蓄买了金项链送给她，你会发现你已经爱上了她；后天，你为了她买车、买房，花光了所有积蓄，还欠了债；当你把车钥匙、房产证都交给她时，你会发现自己已经深深地爱上了她，并且也离不开她了，尽管这时候她都还没有真正接受你。

<u>做企业也和谈恋爱一样，为企业付出得越多，对企业也爱得越深</u>。

为什么企业老板会这么操心企业的发展？因为企业老板投入时间、金钱、心血。企业老板不敢不用心经营，如果不用心经营，那么企业不仅会亏掉自己的钱，还会亏掉自己之前的所有努力，损失太大；如果努力将企业经营好，那么企业老板将因此获得巨额回报。

为什么员工不会操心企业的发展？因为企业不是自己的，自己也没有投入金钱，尽管投入了一定的时间和精力，也仅仅是为了获得应有的薪酬，员工再怎么努力，也不会有太大的回报，因此，员工不会真心实意地去努力。

所以，投入越多，与自己利益关联性越强，人们越会努力去做；反之亦然。

4.1 免费的股份，员工往往不珍惜

免费的，人们往往不珍惜

对于不少企业老板来说，在做股权激励时，往往选择直接将股份赠予公司核心人才，这样做往往效果不好：获得股份的人觉得是理所当然的，开心一阵子；没有得到的人心里越来越不平衡。这是为什么？

免费的，人们往往不珍惜！手机运营商搞活动，免费送你一个手机，你在使用的时候一定很随意，到了家就把它往边上一扔，"啪"的一下摔碎了也不感觉心疼。如果让你花两个月的工资买一部苹果手机，你一定会非常爱惜，你会小心翼翼，轻拿轻放，为它贴膜、装上手机套，还贴上花纹等。

所以，企业在内部做股权激励，一定要想办法让员工掏钱买股，因为**只有付出，才会关心，只有付出，才会操心，也只有关心和操心，才会用心**。

如何让员工花钱买股

一般来说，对于一家非上市公司来说，较好的让员工花钱买股的激励方式主要有四种：期股、股票期权、限制性股票（份）、业绩股票（份）（见图4-1）。

1. 期股

期股是具有中国特色的"股票期权"激励模式，有效地解决了激励对象购股资金不足的问题。期股模式也被称为利润分红回填股份的模式。

期股非常类似于按揭买房的方式：激励对象先缴纳一定数量的资金

作为首付款，享有全部激励份额股份的分红权，相当于买房缴纳首付款，你可以享有房子的使用权，但还不具有所有权。

图 4-1　股权激励花钱买股的四种激励方式

然后，激励对象每年参与股份的分红，分红资金用于回填购股资金不足的部分，一直到填满为止；之后，公司将激励对象持有的全部股份进行工商局变更注册，将其变成注册股，激励对象也成为真正意义上的注册股股东（见图 4-2）。

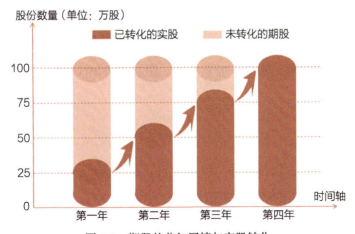

图 4-2　期股的分红回填与实股转化

在这期间，已经缴纳首付款或者通过分红资金回填的股份为真正的实股，未能回填的部分为虚拟性质的期股，只提供分红权，需要通过分红回填转化后，激励对象才能将其变成实股。

公司与激励对象约定首付款比例、股份价格、数量、分红回填方式以及考核方式等，确保激励效果能达到既定的目标。

期股要想变实股，前提条件是：必须把企业经营好，有可供分配的红利。如果企业经营得太糟，经营者不仅不能使期股变实，本身投入的风险抵押金也可能亏掉。

【案例】M 公司的期股计划

M 公司是一家高科技企业，拥有职工近 200 人，年销售收入达到 1 亿元，利润达到 2500 万元。企业拥有自主开发的高科技名牌产品，盈利能力强，企业总体发展势头好。

公司借助第三方评估机构对企业进行评估，估值为 1 亿元。公司将股份划分为 1 亿股，每股 1 元，计划拿出 5% 的股份对 7 名核心管理人员做期股激励。

这 7 人共计需要拿出 100 万元资金投入企业，作为购股资金，其中总经理出资 30 万元，副总经理出资 20 万元，其他 5 位总监每人出资 10 万元。出资后，激励对象除了已经拥有的实股外，还可以获得相当于实股 4 倍的期股（相当于总经理获得额外的 120 万股期股，副总经理获得额外的 80 万股的期股，其他 5 位总监每人获得额外的 40 万股的期股）。

具体实施办法（以总经理为例）：实施方案通过后，总经理拿出 30 万元投入企业，即拥有 30 万股的实股，同时，他也拥有了 120 万股的期股。这相当于企业借给了这位总经理120万元购买了期股，这样总经理每年有150万股的股份可以参与分红。

但该总经理不能以现金形式领取股份分红，而要把红利资金放在企业，用来填补当初购买期股的资金，转化期为3年。这也意味着该总经理120万股的期股，需要每年获得40万元的分红，才能全部转化。

很显然，在企业股份没有做增发的情况下，如果企业每年有2667万元的分红给到全体股东，那么，该总经理就会有40万元的分红（总经理150万股，占股1.5%），刚好用于分红回填。多出的分红，转化为期股来年需要填补的资金，不足的部分需要总经理自掏腰包进行填补。

经过这样"少补多转"的方式，3年后，如果总经理的120万股期股顺利完成转化，那么该总经理就拥有企业150万股的实股。再经过1年的审计，如果确认该总经理在3年任期内没有重大决策失误和弄虚作假等违法行为，他所拥有的150万股将变成注册股。该总经理持有的股份可以转让给别人，或由企业赎回，抑或仍留在企业参与分红，由该总经理选择。但是，公司享有优先购买权，同时公司没有回购该总经理股份的义务。

2. 股票期权

股票期权是众多上市公司实施股权激励的常用方式。对于不少非上市公司来说，股票期权的方式仍然实用。

股票期权是企业赋予激励对象以约定的价格和时间购买公司股份的一种权利，即企业在与激励对象签订合同时，授予激励对象未来以签订合同时约定的价格购买一定数量公司普通股的选择权；激励对象有权在一定时间后出售这些股票，获得股票市价和行权价之间的差价，也可以放弃购买。股票期权的基本原理，如图4-3所示。

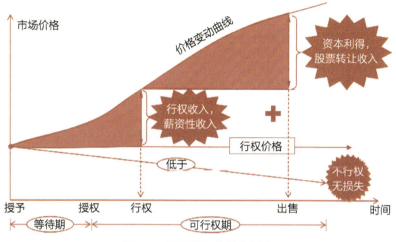

图 4-3　股票期权的基本原理

激励对象通过努力工作，提升公司价值，进而促进公司股价上涨，从而在行权时获得更高的回报。

由于上市股价受到多方面因素的影响，股票价格往往不能真实反映公司价值，这时候股票期权的激励价值就不大。非上市公司虽然没有流通股，但是往往更适合对激励对象做股票期权激励，但是难点就在于对公司进行估值。

【案例】

M公司总经理王先生被公司大股东允诺，可以在3年后，选择用今年本公司股票价格（5元/股），购买10万股公司股份，条件是必须达到公司业绩考核标准。

王先生努力工作，3年后，公司价值大幅度提升，股份价格已经上涨到20元/股。

王总选择了行权，以5元/股的价格购入公司股份10万股，也就是说，王先生以 50 万的现金购入了价值 200 万的公司股份，如果全部套现，他就可以获得 150 万的税前利润。

3. 限制性股票（份）

限制性股票（份）是指公司按照预先确定的条件授予激励对象一定数量的本公司股票（份），但激励对象不得随意处置股票（份），只有在规定的服务期限后或完成特定业绩目标时，才可出售限制性股票（份），并从中获益，否则，公司有权将免费赠予的限制性股票（份）收回或以激励对象购买时的价格回购。也就是说，公司将一定数量的限制性股票（份）无偿赠予或以较低价格售予公司高管人员，但对其出售这种股票（份）的权利进行限制。

对于上市企业来说，这种方式叫限制性股票；对于非上市企业来说，这种方式叫作限制性股份。

限制性股票（份）对于核心元老的退出是一个很好的激励方式，它在保障核心元老的利益同时，又为新人的晋升创造了条件。

4. 业绩股票（份）

对于上市公司来说，这种模式叫业绩股票；对于非上市公司来说，这种模式叫业绩股份。业绩股票（份）是指公司用普通股作为长期激励性报酬支付给经营者，股权的转移由经营者是否达到事先规定的业绩指标来决定。

在年初，公司确定一个较为合理的业绩目标，如果激励对象到年末时达到预定的目标，则公司授予其一定数量的股票或提取一定的奖励基金购买公司股票授予激励对象。

业绩股票（份）的流通变现通常有时间和数量限制。激励对象在以后的若干年内经业绩考核通过后，可以获准兑现规定比例的业绩股票（份）；

如果未能通过业绩考核或出现有损公司的行为、非正常离任等情况，则其未兑现部分的业绩股票（份）将被取消。

让员工花钱买股进行股权激励，使用较多的方式是期股和股票期权。当然，在实际操作过程中，会有很多的改良，尤其是加入一些约束性的条件，比如加入业绩目标和业绩考核，设计相应的退出机制、行权约束条款等。

4.2 条件不具备，先做分红股激励

哪些企业不适合让员工花钱买股

让员工自愿花钱买股，成为公司的股东，当然是一种最好的激励方式，但是不少企业和员工，不一定都适合使用花钱买股的方式做股权激励（见表4-1）。

表4-1 对不适合让员工花钱买股的分析

角度	内容	原因
从企业角度来看	企业发展遭遇困难	股权激励对于员工来讲也是一种投资，企业发展困难，意味着投资价值不大
	经营管理一片混乱	缺乏有效的规章制度，管控不到位，员工持有的股份对应的收益很难得到保障
	缺乏战略目标和实施方案	如果企业没有未来，那么，购买的股份的增值空间就不大，对员工的激励性就不强
	缺乏股权爆品思维	没有资本运作思维，未能设计有利的股权退出通道，股权暴富的梦想无从谈起
从员工角度来看	员工资金不足或不敢冒风险	员工资金不足往往是小事，因为敢赌的员工可以通过其他方式筹集资金；核心是员工不敢冒风险，害怕亏损
	员工对企业发展没有信心	员工是最了解公司的人，如果员工对企业发展没有信心，其就不会花钱买股
	员工对老板没有信心	老板经常失信于员工，员工害怕自己的钱打水漂
	还在考核期的员工	处于考核期的员工，还不适合做公司的实股股东。还有那些空降过来的管理人员，是否能为公司创造佳绩，还待考察，也还不适合将其变成实股股东

虚拟性质股份的妙用

对于不适合让员工花钱买股的企业来说，其可以考虑做虚拟性质的股份激励。虚拟的股份没有真正的所有权和表决权，只是拥有部分的收益权或名义上的表决权，包括分红权、增值权。

虚拟的股份不能继承、转让或代持。一般持有者离开公司，所持有的虚拟的股份会被公司注销。虚拟性质的股权激励模式，如图4-4所示。

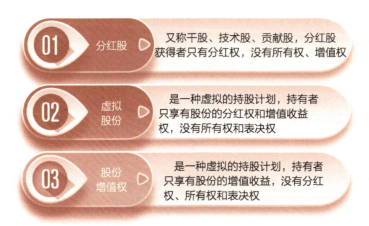

图4-4 虚拟性质的股权激励模式

1. 分红股

一般来说，我们把分红股称为干股，激励对象只享有相应股份的分红权，没有所有权、表决权以及其他权利等。对于激励度对象来说，不用缴纳资金去购买股份，只需要完成公司设定的目标，在公司的规章制度范围内，就可以获得更多的收益，因此，这在一定程度上，对激励对象是非常有利的。

为了保障激励的效果，分红股在设计时，要有相应的约束性制度（见图4-5）。

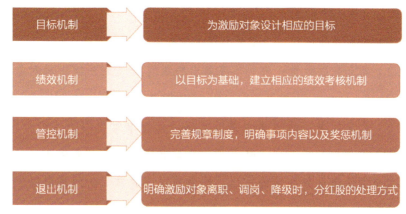

图 4-5 分红股的约束性制度

一般来说,激励对象离职,取消分红;激励对象降级,分红股数量会减少。

我们在对公司员工做分红股激励时,可以建立一定的量化标准,通过岗位价值评估、绩效分值调整来确定最后每个人应得的分红股数,然后算出每个人的股数占比,从公司的利润中提取确定的分红总数,按照分红股数占比分发给每个激励对象。(注:具体操作思路我们会在第五章的咨询辅导方案中体现。)

【案例】

H公司是一家小型的管理软件开发与销售公司,由于人心浮动、员工缺乏动力,公司决定邀请笔者在企业内部导入股权激励方案。

笔者对H公司的核心管理人员进行摸底调查,发现员工对企业认可度不高,对老板缺乏信心,想要让员工人花钱买股简直就是异想天开。

为此,笔者提出另一个想法,那就是先在企业内部实施分红股激励方案,等条件成熟后,再实施期股激励方案。

具体方案如下所示。

（1）确定激励对象：主要为公司内部管理人员，人数 11 人。

（2）确定激励数量：公司年底拿出利润的 20% 对所有激励对象进行分红。

（3）量化标准：运用岗位关键指标评估标准对岗位价值进行评估，同时将公司分红股模拟成 100 万股，计算出每个激励对象所在岗位价值分数在岗位价值总分数中的占比，然后乘以总股数，从而算出每个人应得的股数。

（4）设计考核标准：将目标分解到每个激励对象，同时建立绩效考核标准，年底计算绩效平均分，依据绩效平均分，对股份数量进行相应调整，计算出实得股份数量。

（5）年底从利润中抽取 20% 的收益，依据每个激励对象在实际股份数量的占比进行分配。

比如，张三是公司的销售经理，依据岗位价值评估后，所得分值为 500 分，统计完所有人员所在岗位的分值后，算出总分值合计为 10 000 分，那么张三应对股份数为 5 万股。

进行绩效考核后，年底统计张三的绩效平均分为 91 分，依据表 4-2 对应的股份数进行调整。

表 4-2　绩效考核股份调整公式

绩效考核分值（X）	实得股份数量（s 为实得股份数；y 为应得股份数）
$90 < x \leq 100$	$s = y \times 1.1$
$80 < x \leq 190$	$s = y \times 1$
$70 < x \leq 180$	$s = y \times 0.9$
$60 \leq x \leq 170$	$s = y \times 0.8$
$x < 60$	0

依据表 4-2 中的计算公式，张三实得股份数为 5.5 万股。将所有激励对象实得股份数计算出来后，进行求和统计，算出总股份数为 108 万股。

假如年底公司利润为 500 万元，那么拿出 100 万元进行分红，张三实际分红数为 $100 \times 5.5 \div 120 = 4.58$ 万元。

2. 虚拟股份

虚拟股份是指公司在初期授予激励对象名义上享有股份，而实际上没有表决权和所有权，不能转让，仅享有持有这些股份的分红权、增值收益权等权益。

虚拟股份将公司收益权和所有权进行了剥离，不需要激励对象花钱买股；它不是真正意义上的股份，因此，持有虚拟股份的人也没有表决权，股份不能随意转让。

【案例】

X 公司是一家股权比较分散的非上市公司，为了有效地激励员工，公司决定在内部采用股权激励模式。

考虑到创始人持股比例已经比较少了，公司决定实施虚拟股权激励模式，避免实股激励带来的权力过于分散，不利于企业高效决策的问题。

具体实施方案如下所示。

（1）公司将总股本设置为 1000 万股，拿出其中的 200 万股作为虚拟股份，授予公司激励对象。

（2）公司激励对象要想获得股份，必须努力完成公司业绩目标和考核标准。

(3)公司以两年作为一个考核周期,依据考核平均分授予相应数量的虚拟股份。

(4)两年后,获得虚拟股份的员工可以参与行权。

(5)行权方式包括每年参与股东分红、股份转让两种方式。

3. 股份增值权

股份增值权是指公司给予股权激励对象的一种权利。激励对象可以不通过实际买卖股份,仅通过模拟股份认股权的方式,在授予持有人股份增值权时,以授予时公司评估的估值作为行权价格,以在规定时段内其持有的股份增值权份额所对应的股份价值增值的部分,作为由公司支付的行权收入(见图4-6)。

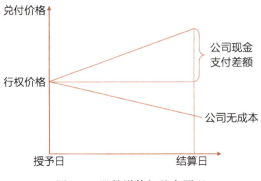

图 4-6 股份增值权基本原理

持有股份增值权的激励对象,通过努力提升公司价值后,激励对象获得收益更多;如果因为行业不景气,公司业绩下滑导致公司整体价值下降,那么激励对象就失去了增值收益部分,但不用激励对象去承担风险。

变换激励，升华智慧

一般来说，股份增值权计划可以和实股激励结合起来使用，比如到了该发放增值收益时，不以现金形式发放，而是将其留存在公司，作为购买实股的资金，进而将激励对象变成实股股东。

【案例】

H公司是一家网络公司，创建于2008年，注册资金为1000万元。2016年年底税前利润为800万元，净资产为2000万元。

为实现公司长期战略规划，公司董事会决定，从2017年开始实施第一期的股份增值权计划。公司将总股份设置成1000万股，每股净资产为2元，预计实行股票增值权计划后，每股净资产年增长率为100%。

具体实施办法概括为：对企业CEO、COO、CTO、CFO四位核心高管授予股票增值权。股票价格根据2016年年底的价格确定，即每股2元。高管依据绩效考核情况免费获得相应数量的股份，但是获得的股份只享有股票增值收益，不得转让，离开公司视为自动放弃。

此次授予总股本为100万股，占公司总股本10%。

这次激励计划采用滚动授予，即每年授予的方式；激励对象获得股份后满一年即可获得首期行权权力，行权权力将分三年获得，比例为3∶3∶4。

获得股份增值权的员工，可以在后期享有公司实股优先认购权，具体额度和价格根据公司第二期的股权激励方案而定。

干股、虚拟股份、股份增值权都不是真正意义上的股份，这些激励方式能够有效地激励公司员工，留住公司优秀人才，同时为后期运用期股、期权等股权激励方式做好了铺垫。以上三种虚拟性质的股份的比较，如表 4-3 所示。

表 4-3　三种虚拟性质的股份比较

	分红权	增值权	所有权
干股	有	无	无
虚拟股份	有	有	无
股份增值权	无	有	无

虚拟性质的股份因此衍生出许多新的用法，比如分红股又可以变通成超额利润激励、在职分红、技术分红股；股份增值权可以衍生出账面增值权，等等。

运用之妙存乎一心，股权激励没有固定模式，核心是要适应企业发展，实现既定目标。工具不难掌握，核心是要掌握工具背后隐含的"道"，进而幻化出无穷的智慧。

CHAPTER 5 第 5 章

如何更好地保障激励的效果

⊙ 本章导读

追求快乐、逃避痛苦是人的天性，员工之所以不愿意做出改变，一方面是因为追求快乐的动力还没有被激发，另一方面是因为追求快乐付出的痛苦和代价太大，因而不愿意做出改变；相反，员工之所以会改变，一方面是因为追求快乐的动力被激发，另一方面是因为不做出改变付出的代价太大。

经营企业就是经营人，经营人心、人性、人欲。企业做股权激励给予员工更大的回报，但是仍然无法调动员工的动力，为什么？员工有努力工作的动力了，但是努力工作是要付出代价的，是痛苦的，员工不愿意为此付出，所以我们还必须建立相应的约束机制，去化解员工的阻力。

【案例】

春秋时代有个伟大的军事家名叫孙武，有一天去见吴王阖闾，吴王问他能不能训练女兵，孙武说："可以。"

吴王为了戏弄他，故意从宫中选派了一百多个"宫女"给他，这些"宫女"当中有吴王的爱妃，还有一些达官贵族的子女，个个懒散、刁蛮。

孙武把这100个宫女编队，要吴王的两个妃子做队长，然后教她们基本的动作，告诫她们要遵守军令，不可违背，否则将遭受惩罚。

孙武擂鼓发令，这些"宫女"只顾嬉笑，甚至打闹，毫无秩序。孙武连续擂鼓三次，这些"宫女"就是不听。

于是，孙武令人将两位队长拖出去斩首，理由是队长领导无方，带头破坏军纪。吴王听说要斩他的爱妃，急忙派人求情，孙武让来者给吴王带话："君王既然把她们交给我来训练，就必须依照军队的规矩来办事，任何人违反了军规都应该受到处分，没有例外。"话一讲完，就将吴王的两位爱妃斩首了，这些"宫女"看到这一幕，都吓得脸色铁青。

孙武再训练她们时，没有一个"宫女"敢嬉笑打闹的，没几天，孙武就将这100个"宫女"训练成和其他士兵一样具有战斗力的部队了，这让吴王刮目相看。

100个过着锦衣玉食、衣来伸手的贵族女子，为什么会在几天之内就被孙武变成训练有素的部队，核心原因是什么？

痛苦给一个人造成的改变是巨大的，建立有效的约束性制度并严格遵守，员工就不敢轻易违反。当然我在这里并不是想要倡导严刑峻法，而是希望我们的企业在建立有效的股权激励机制的同时，建立有效的约束性制度。

5.1 股权激励必须要有约束机制

激励与约束相辅相成

激励与约束是相辅相成的，既然有了股权激励机制，就必须建立股权约束性机制。那么，企业到底应该建立怎样的约束性机制呢？我们可以从目标管理机制、绩效管理机制、股权退出机制三个方面入手（见图5-1）。

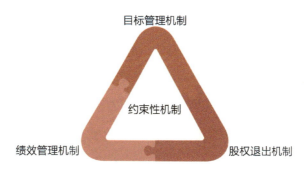

图 5-1 股权激励的约束性机制

目标管理机制

如果企业有企业的目标,那么企业就有奋斗的方向;如果员工有员工的目标,员工就会努力朝着自己的目标迈进。企业目标的实现以员工目标的实现为基础。有目标的人往往比没有目标的人更容易获得成功。

【案例】

父子俩在雪地上玩耍,朝着远处的树走去,比谁在雪地上踩踏出的脚印连成的线最直。结果如何?父亲赢了。

为何父亲走得直呢?因为父亲的眼睛一直盯着前方的目标,也就是那棵树;而儿子呢,走着走着,就把目标给忘了,等发现走偏了,只好重新矫正,反复多次,就形成了一条曲线。所以,有目标的人往往更能获得成功!

企业必须帮助员工制定相应目标,然后设计相应的奖励和惩罚机制,让员工去达成。

将员工的目标制定为,年底赚到 50 万元,达成目标,公司奖励员工一辆车；未达成，员工穿三角裤在年会上跳钢管舞。员工动力有了，阻力也被另一大痛苦瞬间化解，激励效果瞬间体现！

同样，企业在做股权激励时，也需要设计相应的目标，激励对象完成相应的目标，便可以获得相应的股份，享受企业发展带来的收益；如果企业上市，顺带还可以实现当初暴富的梦想，这是员工一辈子都无法实现的。

如何为股权激励对象设计目标？

大部分企业往往都知道怎么做目标设计，那就是年底了，公司根据近两年的财务数据以及行业发展情况，预测来年的发展目标，然后将目标分解到每个部门，再分解到每个人。年度目标分解到每个季度，季度目标再分解成月度目标，月度目标分解成周目标、日目标，层层分解，每个人明确自己的目标后，建立相应考核机制以及奖惩机制，约束完成。这样做本来没有什么错，但是笔者想提出以下两个新的观点。

1. 目标设计必须让员工兴奋，而不是让老板兴奋

谁对传统的目标制定方式更有感觉？很显然，老板更有感觉，因为目标是老板定的，当目标分解到基层的时候，下面的人就越发没有感觉了，就不知道这个目标是怎么制定出来了！可是实现目标的人必须是下面的员工，如果他们不努力，目标就根本无法实现。

如果增长目标定坏了，下面的员工马上会有想法。比如，明年目标是2亿元，下面的员工肯定会说：今年好不容易完成了1亿元的目标，都快把我们给累死了，明年还要翻倍，怎么可能！这个老板真黑，整天算计我们！

但是，如果我们倒过来制定目标，那就大不一样了！

首先让每个员工制定出明年的收入目标，然后根据收入反推他的销售业绩。

【案例】

笔者曾经服务过一家公司，他们在制定目标就是这样做的：先让基层管理人员辅导基层员工制定来年的收入目标，然后参考公司的薪酬机制推算基层员工来年的业绩目标，部门汇总每个人的业绩目标，公司汇总部门的目标，公司负责人对汇总来的目标做相应的调整，在分解到每个人进行调整。

员工今年赚了10万元，明年的收入目标他会制定30万元，这样一推算下来，公司今年销售额只有1亿元，明年的目标就会变成3亿元。如果年终会一开会，老板就说公司目标3亿元，估计员工晕倒一大半，但是这样推算出了3亿元，员工就会有感觉了。

然后，领导说不行，最多2亿元，每个部门都必须压缩目标，结果谁都不同意压缩，说压缩别人的吧！为什么不同意压缩目标？

因为没有人愿意压缩自己的收入！

所以，开年会，不用你上去讲公司今年目标多少，而是先让员工上台，公众承诺自己的目标，让员工兴奋，而不是让自己兴奋！

2. 目标设计要建立调整机制，避免人治

目标设计好了，但是企业在发展过程中，往往伴随外部环境的变化和经营状况，进行战略调整，因此目标也会做相应的调整。

一般企业在中途做目标调整，会有很多问题，给员工降低目标，降低考核标准还好，但是如果提高目标，会导致员工积极性丧失，员工会

认为老板说话不算好，明明马上就要完成目标了，结果老板故意调高目标，导致完不成目标，因此相应的提成、奖金就减少或没有了。一旦员工失去信心，员工动力就会减弱。

所以，我们不妨提前设计好相应的机制，提前告诉员工，在哪种情况下，公司会调整目标，调整的原则和比例是怎样的；有数据标准，通过依靠相应的机制和制度去管理员工，而不是老板一个人说了算，说调整就调整，员工会不会对老板失去信任感。

绩效管理机制

员工只会做你考核的，不会做你关心的。所以，我们就可以针对企业关心的设计相应的考核机制：想要员工更加关注客户服务，那我们可以将客户服务指标的权重值设计得更高一些；想要员工开发更多的新客户，那我们可以将新客户开发指标的权重值设计得更高一些。

那么，如何设计股权激励的绩效标准呢？

我们可以从以下几个方面入手，如图 5-2 所示。

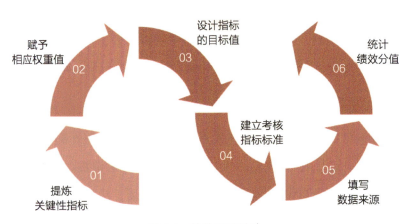

图 5-2　绩效标准设计

【案例】

表5-1为某公司销售总监绩效考核表,我们以它作为设计绩效指标的参考案例。

表5-1 公司销售总监激励考核表

考核指标	权重	目标值	考核标准	数据来源	得分
销售额	30	4 000万元	销售额 $X < 2\,500$ 万元,得0分;$2\,500$ 万元 $\leq X < 3\,000$ 万元,得10分;X 大于 $3\,000$ 万元以上,每增加250万元加5分,满分30分,加满为止;	财务部	
实际费用控制率	25	50%	实际费用控制率 $Y = $ 实际费用 ÷ 预算费用 $\times 100\%$。$Y > 100\%$,得零分;$90\% \leq Y < 100\%$,得5分;$80\% \leq Y < 90\%$,得10分;$70\% \leq Y < 80\%$,得15分,$60\% \leq Y < 70\%$,得20分,$Y < 60\%$,得25分	财务部	
客户投诉	20	100次	客户投诉次数 $Z < 100$ 次,得15分,客户投诉每增加20次,扣3分,扣完为止	客服部	
项目经理培养	25	10个	培养项目经理通过公司考核标准,人数在10人及以上,得25分,每减少一个扣2.5分,扣完为止	人力资源部	
分数合计					
考核反馈					
考核期主要业绩					
年度重大失误或提升方向					
对考核的疑问和需要的支持					
考评综述					

考核说明:
1. 考核不是为了扣款,而是为了明确个人工作重点和提升空间,使个人和组织目标趋同;
2. 考核权重占比大的项目需要引起重视,权重占比小的项目是提示需要关注;
3. 考核总分低于60,取消股权激励资格。

被考核人签字:_____　　　　　　　　考评人签字:_____

股权退出机制

企业在做股权激励之前,首先就应该想清楚,如何为激励对象设计退出的通道,为什么?因为只有为激励对象设计好退出的通道,激励对象才愿意进来,激励也才能发挥效果。

我们以期股和期权两种为例来说,首先要明白激励的几个关键时期(见图 5-3)。

图 5-3 期股和期权的几个关键时期

从图 5-3 可以看出,期股和期权经历了一个等待期和行权期的过程,在不同的时期,激励对象退出的方式会不一样。

表 5-2 中的退出方式仅作为参考,不可盲目照搬。企业在设计股权激励计划时,可以根据企业实际情况设计退出方式,比如公司现金流较好的话,激励对象在股份行权后辞职的,我们也可以考虑对该股东的股份进行估值后回购,回购金额在一年内分阶段发放,同时设计限制条件,不得损害公司利益,否则将进行扣罚。

表 5-2 期股或期权激励的退出方式

变动事件	退出方式	
	等待期	行权期
辞职	以出资人出资额的本金+利息回购出资人的全部股份	可行权期的两年之内辞职,公司以出资人出资额的本金+利息回购出资人的全部股份;可行权期的两年后,在不违规的情况下,公司可以规定:股东要求回购,公司可以选择回购,同时公司享有优先回购权
辞退	以出资人出资额的本金+利息回购出资人的全部股份	以出资人出资额的本金+利息回购出资人的全部股份
同级调岗	转变考核方式,激励方式维持不变	维持不变

（续）

变动事件	退出方式	
	等待期	行权期
晋升	可以授予更多的股份	原有股份维持不变，同时可以考虑授予新的期股或期权
降级	取消或减少期股或期权，已出资的部分维持不变	原有股份维持不变
违规	给公司带来损失的，从已出资部分中扣罚，未出资的以股份做抵扣	给公司带来损失的，从分红中抵扣
转让	不准转让	征得公司同意，可以转让给第三方，但公司享有优先回购权

【案例】

K公司对核心高管实施期股激励计划，公司约定，参与激励计划的9名核心高管可以在未来2年后的3个月时间内，决定是否以目前公司股份的价格（目前公司股价：1元/股）购买每个岗位约定数量的股份。当然，激励对象必须缴纳10%的保证金，确保激励效果。

激励对象必须在等待期完成相应的绩效考核指标，依据考核指标对激励股份数进行调整。

在退出方式上，第一，激励对象在等待期，股份不得转卖；辞职或是被辞退，公司退还全部保证金，补偿5%的年利息，同时收回全部期权；激励对象升职或降职，根据绩效考核的实际分值相应调整期股数量。

第二，激励对象缴纳全部资金，将所有期股转化为实股后，进入行权期，可以每年参与公司分红，同时参与公司经营决策等；激励对象想要转让股份，每年最多只能转让持有股份数的20%，上市不受此限制，而以上市标准而定；股东转让股份，必须提前告知公司，公司具有优先回购权；进入行权期两年内股东离职（包括辞职和辞退），所有股份必须以市场价格的 90% 售卖给公司，现金在一年内分期发放，上市不受此限制；激励对象晋升或降级，股份数量不变，只是相应调整薪酬。

以期股、期权等需要员工花钱买股的模式设计股权激励退出方式，往往复杂一些。如果公司只是做分红股、虚拟股份或者是股份增值权的虚拟性质的股权激励，那么设计退出方式，会简单很多。

由于虚拟性质的股份不是真正意义上的股份，我们在做股权激励计划时，只是做了一种与激励对象分享利益的计划。在设计这种方案时，最好不要做成固定的虚拟性质股份授予方式，而是根据每年绩效考核分值授予相应收益。

【案例】

张三依据公司股权激励计划，应得 10 万股的分红股，年底可以参与分红。但是，公司建立绩效考核标准，张三想要在年底获得这 10 万股的分红股，必须完成相应的绩效指标。年底，公司会统计张三每个月的绩效分值，计算月度绩效平均分，以此数据作为对张三的应得股份数进行调整的依据，分值越高，获得分红股数越多。

年底了，假如张三获得实际分红股数为 11 万股，那么我们依据股份占比和年底公司利润，拿出部分收益对张三进行分红。

好了，问题出现了，这是不是就说，张三每年都有 11 万股的分红股，参与公司收益分红呢？很显然，这样做肯定不对，如果这样，那就很容易助长了张三懒惰的心理，张三每天来公司打个卡，上网逛逛淘宝、玩个手机，一天就过去了，年底还可以领到大把的分红金……

所以，我们在设计分红股激励计划时，应该依据每年的考核分值，授予相应股份数的分红权利，而不是把分红股全部给到他，每年依靠这些股份坐享收益。这样，如果张三在第二年不努力了，分红股可能只有 8 万股，甚至不合格被取消分红资格，张三要想获得更大收益，就必须更加努力，推动公司业绩增长。

一旦激励对象离职，虚拟性质的股份便意味着所有收益被取消；晋升、降级以绩效考核分值做相应调整。虚拟性质的股份不得转让。

5.2 从内心激发员工对股份价值认可

股权价值提升的几个方面

从内心激发员工对公司股份价值的认可，是保障股权激励达到理想效果的核心。因为员工只有内心认同公司股权的价值，才会愿意加入到股权激励计划当中来，也才会为了获得更高的收益而努力。

那么，企业在做股权激励时，如何激发员工对公司股权价值的认可呢？股权价值提升的几个方面，如图 5-4 所示。

1. 提升企业经营管理水平

只有提高经营管理水平，企业才能保障完成相应的战略目标，因此带给企业更大的价值，员工才会对股权更加向往，股权激励才能达到效果。

那些企业经营一塌糊涂，企业老板以进行内部股权融资为目的而实施的股权激励，往往都会失败。因为它调动不了员工的积极性，员工看不到公司股权的价值，企业老板强制大家花钱买股，只会逼走员工，给企业带来更大的损失。

图 5-4 股权价值提升的几个方面

2. 提升股份的流通性

提升股份的流通性，这是股权更有价值的核心要素。我们之所以这么喜欢纸币，是因为它的流通性好，可以随时随地买卖交易。同样，大家之所以喜欢上市公司的股票，是因为流动性，股票可以在二级市场自由买卖。别人之所以不愿意买刚创业的小公司的股份，是因为这些公司股份的流通性太差，买了股份不知道还能卖给谁。

所以，企业要提升股份的流通性，就要制订股权融资计划、并购、上市计划，同样也是为了激活公司股份，提升流通性，为股东设计了一个退出的通道。

在做股权激励计划退出机制时，有些公司要冒着资金压力的风险来制定回购机制，同样也是为了提升股份的流通性。员工持有实股后离职，企业以市场价格对他的股份进行回购，表面上，企业承受了不少的损失，但是这样一来，股份的流通性得以提升，为其他的激励对象树立了榜样，其他员工才能心甘情愿地加入股权激励的计划，激励也才能发挥效果。

3. 持续进行股权价值宣导

企业在开展股权激励时，必须不断对激励对象宣导公司股权的价值，让员工对公司股权产生向往。公司股权价值的宣导，包括对公司发展规划的宣导、对公司目前发展状况的宣导、对股权投资的价值与意义的宣导、同行业或其他公司因为内部股权激励而实现财富爆炸式增长的案例，以及公司融资上市计划等。

4. 树立标杆和榜样

企业在实施股权激励时可以分阶段实行，前期可以将核心高管纳入其中，树立标杆和典型，让他们通过股权激励而受益，让后来的人看到希望。

企业在开展股权激励时，可以举行隆重的仪式，现场签订股权激励协议书，颁发股权证书，激励更多的人参与进来。在年底进行发放股东红利时，我们可以召开年会，让股东上台接受公司发放的现金，并做现场感言演讲，调动员工的热情。

5. 提升企业的信用度

企业与激励对象约定的事项，落实成文书，尤其是涉及股东利益的事情，及时兑现。老板在企业中带头履行诺言，承诺的事情必须兑现，要在员工心目中树立榜样，提升企业信用度。这样员工才会放心，才会敢把钱交给企业从而参与到股权激励的计划中来。

企业邀请第三方咨询公司或咨询老师开展股权激励咨询辅导，这样也能很好地在员工心目中建立信用度。员工不相信老板所说的，但一定会相信第三方专业机构的公平与公正，自然接受度也会更高。

5.3 设计落地性极强的股权激励方案

股权激励落地方案流程设计

在明确了股权激励设计的几个核心关键点后，仍然有不少企业老板不知道如何设计一个有效的股权激励方案，企业在内部导入股权激励方案时，可以依照图5-5中的流程去设计。

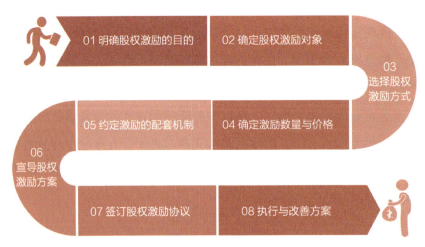

图5-5 股权落地方案流程设计

明确股权激励的目的

企业在做股权激励之前，首先要明确股权激励的目的，不同的目的可能有不同的玩法。股权激励的目的如图5-6所示。

股权激励方案不仅可以吸引并留住优秀人才、激发员工动力，还可以通过设计相应约束机制约束员工不良行为。我们可以设计限制性股权激励，让老员工功成身退，为后起之秀留出发展的空间。

股权激励方案让更多人成为公司股东，除了一起分享企业发展带来的收益，还可以一起分担经营的风险。

图 5-6 股权激励的目的

我们还可以对我们的合作伙伴，比如经销商、代理商实施股权激励方案，实现资源捆绑，甚至捆绑我们的客户等。

伴随股权激励方案的实施，公司需要逐步完善治理水平，这在一定程度上吸引更多风险投资的加入，提升公司的价值。

明确股权激励对象

一般来说，实施股权激励的对象包括战略决策层、经营层、骨干层（见图 5-7）。

战略决策层包括公司董事长、副董事长、总裁、副总裁等，他们是负责企业战略制定和监督的管理人员。一般来说，企业对他们主要采用期股、期权的股权激励方式。

经营层包括总经理、运营总监、营销总监、技术总监等，他们是主要负责企业的战略实施与控制的管理人员，企业对他们采用的股权激励方式主要包括期股、期权、业绩股份。

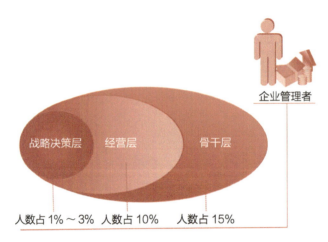

图 5-7　股权激励对象选择

骨干层主要涉及企业的中层、基层管理人员以及核心技术人员等，他们是企业经营决策的组织与实施者，分别对管理的部门负责，因此以所在部门的业绩为标的，实施分红股激励，是一种很好的方式。

选择股权激励方式

前面我们已经讲过，让员工花钱买股，实现激励对象与企业的长期捆绑发展的股权激励方式主要包括期股、期权、业绩股份、限制性股份。以利益分享计划实现激励对象与企业中期利益捆绑的股权激励方式包括分红股、股份增值权、虚拟股份等。

当然我们也可以将分红股、股份增值权、虚拟股份与实股激励进行捆绑，组合成多种更有效的股权激励方式，比如分红股＋实股，或者分红股＋期股/期权，股份增值权＋期股/期权等，实现激励对象与企业中长期捆绑发展。

【案例】K公司的渐进式股权激励

K公司是一家网络科技公司，主要是做手机应用软件。公司创始人周董（董事长）占有100%的股份。为了推动公司快速发展，吸引更多优秀人才加盟企业，提升员工工作积极性，留住更多优秀人才，2015年年初，周董决定对公司的核心高管推行渐进式股权激励方案，总体方案如下（省略了更多细节部分）。

（1）此次股权激励对象包括公司总经理、副总经理、技术总监、市场总监、销售总监五位高管。

（2）高管完成绩效指标，对应获取相应的分红股，2016年年底，公司将应该发给激励对象分红金留存在公司，作为购买公司股份的资金，购买股份的价格就是事先约定好的价格。2016年年底，激励对象的分红股仍然以原来的考核方式进行分配，分红资金仍然留存在公司作为购买股份的资金。

两年后，公司对激励对象进行评估，确定无不良记录后，将激励对象两年内所获得的股份进行工商局变更注册，转化为注册股东，每年享受相应收益。

确定激励数量与价格

如何确定股权激励的数量？一般来说，首次做股权激励，会拿出总额的5%～20%对公司管理人员进行股权激励。具体比例如何设计，我们可以假定一个数值，比如拿出公司10%的股份做期股激励，然后依据岗位价值评估和绩效考核分值对每个激励对象进行股权模拟分配，然后做相应的测算，依据测算的结果对激励股份数量进行重新调整。

比如，我们计划拿出10%的分红股做股权激励，依据相应的比值分配到每个人，然后进行测算后，发现激励对象年底得到分红为 20 万～30 万元。我们对比他之前的薪酬水平，比如他之前一年的收入在 10 万元左右，那么这个数量的分红股设计肯定有问题，我们可以下调一定的比例，确保分红股金额在原有年薪的 30%～100%，这样既能保障激励的效果，又能避免激励过度给公司带来成本压力。

如果让员工花钱买股，那我们就必须对公司进行估值。对创业性公司进行估值，是很多企业最头痛的问题，因为这些企业不是上市公司，在二级市场没有定价。针对创业型企业的几种估值方式，如图 5-8 所示。

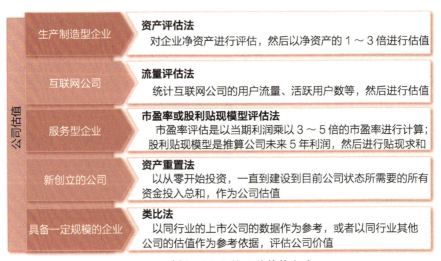

图 5-8　创业型企业的几种估值方式

一般来说，企业导入股权激励方案前，在对企业进行估值时，需要借助第三方机构进行评估，比如邀请专业的财务公司或者咨询公司进行评估，可以更好地保障激励效果，因为第三方机构更容易获得员工的信任，员工才愿意花钱买股。

但是，创业型企业邀请专业财务公司对公司进行估值，需要花费不小的费用，并不值得；邀请专业咨询公司或咨询老师在导入股权激励咨询方案的同时，做好公司估值，往往更为合算。

约定激励的配套机制

约定股权激励的约束机制，包括绩效考核机制、目标机制、退出机制，同时，股权激励需要其他配套机制保驾护航，比如薪酬机制、晋升机制、文化激励机制。前面已经讲述约束性机制，后面将重点讲述股权激励的文化机制，这里不再赘述。

宣导股权激励方案

企业可以召开股权激励大会，将股权激励方案宣导给员工。

企业举行隆重的股权激励仪式，与激励对象现场签订股权激励协议，颁发股权证书等。对于之前已经参加过公司股权激励方案的员工，可以在现场为其发放分红金，现场发表参加股权激励后的感想，激发更多的人对股权激励的向往，确保股权激励方案有效。

签订股权激励协议

企业需要提前制作好股权激励协议，在股权激励方案宣导后，与有意向的激励对象签订股权激励协议。不同激励方式，股权激励协议会有差别，读者可根据本书附件的协议模板进行修改。

执行与改善方案

执行与改善方案是关键，因为再好的方案只有实际执行落地到位并发挥效果，才能是好的方案。执行与改善方案包括：与激励对象签订协议，持续跟踪激励对象的绩效表现并做相应调整，优化方案中不足的部分等。

5.4 用文化激励为股权激励保驾护航

文化深刻影响股权激励效果

什么是文化？在笔者看来，文化就是行为与习惯的传承。

思维影响行为，行为养成习惯，习惯形成文化。

【案例】猴子的文化传承

科学家曾做过这样一个实验，将五只猴子关到笼子里面，然后在笼子上面吊一只香蕉，香蕉上面接通了电流，猴子一碰香蕉，就会被电流击中，疼痛不已。

五只猴子轮番触碰，都被电流击中，后来它们得出结论：这个香蕉不能吃，只能用来膜拜。一个星期后，科学家将其中一只猴子放出来，放进去另外一只新猴子。新猴子看到香蕉就想吃，正准备去抓香蕉，就被其他的四只猴子给按住，告诉它香蕉不能吃。一周后，这只新猴子也不敢去碰香蕉了。

科学家继续把老猴子放出来，放进去新猴子，这样连续不断，五只新猴子取代了以前的老猴子，也继承了老猴子的传统，不去碰香蕉。

科学家关闭电源，笼子里的猴子仍然不敢碰香蕉。这时候，科学家再换一只新猴子进去，新猴子去碰香蕉时，仍然会被笼子里的猴子给按住，告诉它香蕉不能吃……就这样，猴子的文化一代一代传承下来。

同样，一套良好的文化一旦形成，对人的影响和改变也是巨大的，它会潜移默化地改变人的行为和思维方式。

一个企业，如果老板没有激情和动力，就会使企业的员工没有动力，企业实施股权激励，不一定能发挥效果；相反，那些公司文化氛围浓厚，员工对公司认可度高的企业，实施股权激励能效果显著。

【案例】

在笔者从事股权激励咨询方案的实践中,就遇到这样两家在文化上截然不同的公司,在实施股权激励后,效果也是天壤之别。

A公司是一家追求自由安逸生活的小公司,为什么这么讲?因为A公司从上到下,从老板到员工都非常注重享受生活,安于现状,公司虽然只有一二十人,但每年可以产生好几百万元的利润。而B公司却恰恰相反,B公司是一家狼性非常强的公司,从老板到基层员工,都非常注重结果和效率,目标感非常强。

虽然这两家公司文化不同,两位老板的做事风格不同,但是两位老板还是希望能够把公司做强做大,不能仅仅安于现状,否则,终将会被时代所淘汰。

为此,两家公司都在内部实施股权激励方案,第一期都是以分红股的方式进行尝试,先调动员工的动力。尽管两家公司方案差不多,但是效果明显不同。

A公司几乎没什么效果,员工散漫惯了,即使做了分红股激励,仍然调动不了员工的积极性,当然这里面最核心的原因是没有那种积极工作的氛围。比如,张三正准备好好开发一下客户,打几个电话,突然发现大家都在聊天闲扯,自己一个人在那里打电话就会被别人当成异类;李四正准备静下心来做一个文件,旁边的王五买来饮料,叫他去喝下午茶……

B公司却效果显著,员工工作积极性进一步增强。B公司奉行狼性文化,每个人都有明确的目标以及绩效考核方式,员工只对制度负责,而不是对老板负责。完成相应的目标,员工可以获得高额的回报,未能完成意味着遭遇惩罚。工作场上大家形成了一个你追我赶的氛围，同级之间相互进行PK。做得好会被当成标杆，除了给予相应奖励，还会在大会上进行表扬，同时照片也会被贴上优秀员工榜。

不少企业不明白这样的道理，认为只要导入股权激励，员工就会有动力了，或者认为导入了股权激励方案，却没有发挥作用，肯定是咨询老师不行或者方案做得不到位。殊不知，要想让股权激励发挥作用，也必须具备其他因素，而良好的文化则是股权激励发挥作用的关键。

经营文化就是经营"场"

经营公司文化，实际上就是在经营一个"场"。所谓"场"就是一种气场、氛围。

老板要求公司管理人员每天开早会激励员工，每天开晚会对工作进行总结，久而久之，老板不在公司，公司也会形成这种文化氛围。

公司员工死气沉沉，每个员工都在各自的位置玩手机、电脑，没有几个人打电话和客户沟通。这时候新来的一个销售人员，正准备打电话，努力把业绩做上去，却发现整个职场就自己一个人在那里讲话，打完这个电话，第二个电话都不敢打了。由此可见，职场文化对员工的影响意义深远。

如何形成强大的文化

那么，一个公司到底应该崇尚怎样的文化呢？

首先应该崇尚拜与被拜的文化，**因为你拜什么，你就会需要什么。**

在公司，拜与被拜不是说拜财神爷、拜观世音，而是说拜客户、拜员工、拜优秀人员。公司、员工拜客户，才会更尊重客户，才能创造更好的服务；公司拜员工，尤其是优秀员工，员工才会有自我成就感，才能奋发图强。

有的公司很聪明，专门为员工制作优秀员工榜，把优秀员工的照片贴在最显眼的地方，员工看着自己的照片上了墙，瞬间有了自豪感，工作动力也大大提升。

【案例】

我曾经见过一家生产车间，它每个月评选出最优秀的五位员工，除了给这五位员工颁发奖金外，还把他们的形象做成蜡像，放在厂区最显眼的地方。每天几百号员工从这里路过，看到他们的蜡像，就有了努力的动力，觉得自己完全有可能也被评选为优秀员工，被大家膜拜，员工的自豪感瞬间提升。

同样，我们做股权激励也一样，有幸成为公司股权激励的对象，也应该得到大家膜拜，这样员工才能努力奋斗，争取早日成为公司股东，除了享受更高的收益，还可以获得大家的认可与尊重。

其次，在公司应该形成仪式文化。

搞仪式不是为了搞形式，而是为了造场，搞气氛。新人进来，我们搞一个新人欢迎仪式，新来的员工就不会轻易离开；公司表彰优秀员工，我们搞一个表彰大会，让公司老板亲自上台颁奖；做好了股权激励方案，我们召开股权激励大会，制作股权证书，老板在台上亲自授予激励对象，并与他们当场签订合同；年底，要发放股东红利了，公司召开年会，在会上给股东颁发分红现金……

很多公司老板不理解，觉得搞这种仪式是形式主义，浪费时间和精力，所以，给员工发奖金，只是让财务悄悄地打到员工卡上；搞完股权激励几个月了，还有很多员工还不知道，其他员工根本没看到股权的价值，当然也不会向往……

每个人都有一种虚荣心，渴望被夸奖、被赞美，没有了这样的仪式，员工就会觉得公司没有活力，进而丧失动力。

最后，学会用规章制度说话。

企业在设计规章制度时，一定要用心，反复琢磨，规章制度一旦定好并公布，就不要轻易改变，因为这是形成文化的核心工具。

公司每天早上擂鼓助威，每个部门都上台领一面小旗，意味着上台领取自己的任务指标，每个部门之间进行 PK，加油打气，形成团队士气，职场上，你争我抢，尽最大努力去完成自己的目标……这些都建立在相应的机制下，好的习惯逐步养成，这就是文化。

CHAPTER 6 第6章

如何控制股权激励风险

⊙ 本章导读

富安娜股权激励诉讼案

公司高管离职+抛股套现是很多公司的顽疾，富安娜就曾经发生过这样的事情。

事情应该从富安娜上市前讲起。

2007年6月，富安娜为建立和健全股权激励约束机制，制定和通过了《限制性股票激励计划》，公司以定向增发的方式，以发行前一年经审计的每股净资产向激励对象发行700万股限制性股票，激励对象包括公司高管、核心技术人员等。

2008年3月20日，公司IPO，为配合上市的要求，公司终止了《限制性股票激励计划》，将所有限制性股票转换为无限制性的普通股。在转换过程中，公司要求股权激励对象向公司出具了一封《承诺函》，规定自签署日到公司申请首次公开发行A股并上市之日起三年内，不以书面的形式向公司提出辞职、在职期间不会出现的几种情形及违反承诺时违约金的计算依据。

意外的是，在《承诺函》之下，部分高管和技术人员依旧以各种理由离开公司，不少人还跳槽到竞争对手水星家纺工作，给公司带来恶劣的影响。

基于此，2012年12月26日，富安娜向深圳南山区人民法院对余松恩、周西川等26名首发前自然人股东（以下简称"存在纠纷人员"）就承诺函违约金纠纷一事提起了诉讼。其中余松恩、周西川曾为公司高管，其他均曾为公司核心技术人员。

根据《承诺函》的约定，前述存在纠纷人员的违约金合计可能达到8000多万元。目前，已经有三位前述存在纠纷人员通过法庭主持与公司达成调解。这三位赔偿金额合计约为618万元。

富安娜通过私法自治的形式与激励对象签订约束性条款，在一定程度上保护公司的利益。

但是不少中小企业，往往忽略这方面问题，公司没有提前做好布局，老板与员工口头承诺，没有落实到具体文件，公司在后期发展过程中往往出现很多问题，甚至一些不良的股权激励方案给公司带来了灭顶之灾。

6.1 股权激励不当带来的六大风险

企业在做股权激励时，如果是企业老板自行导入，导入不当的话，可能会带来这样六大风险：激励无效果、助长懒惰、带来负能量、增加人力成本、造成权力失控、带来法律风险（见图6-1）。

图6-1 股权激励不当带来的六大风险

激励无效果

不少企业自行导入股权激励后,发现根本上没有效果,员工还是以前的那种做事风格,慢慢悠悠,大家仍然提不起动力,原因是什么?

第一,激励方案有问题,主要是考核机制与激励方式的问题,比如没有做相应的绩效考核,绩效考核指标有问题,没有设计目标,激励方式不公平等。所以,企业在设计绩效方案时候,要确保相应的机制设计到位,前期可以先进行试验,成功后再推广。

第二,没有相应的文化激励机制。企业在做股权激励时,没有树立相应的标杆和榜样,没有召开相应的股权激励大会去做宣导,而是与员工签订完协议就了事了。

第三,老板没有信用。一些老板说的与做的不符,导致员工对老板不信任,进而对企业不信任,害怕定好的方案无法兑现,因此就不会参与到股权激励方案中来。

第四,没有做调研。我们不了解员工的真实需求,没有对员工做调研访谈,我们所激励的东西往往不是员工想要的,导致股权激励失败。

第五,企业经营问题多。企业经营问题层出不穷,尤其是企业发展停滞或倒退,导致员工对企业没有信心,那么股权激励也会失败。

【案例】

G公司是一家做青少年拓展训练的公司,公司老板赵总也是一个非常有梦想的企业家,为了打造一家在行业内具备超强竞争力的企业,赵总决定在公司实施股权激励,增强企业竞争力。

股权激励方案设计得很系统,也很落地,但是在实施半年后,就发现不少问题，不仅没有提升员工的动力，反而使其更加懒散了，公司员工的负面情绪特别重。

在赵总的要求下，我们对该公司做了调研，发现了核心的问题，那就是赵总从来不按章法办事，喜欢想一出是一出；公司的规章制度经常变动，老板承诺的东西大部分不能兑现，员工对老板没有信心。

比如，赵总通知大家明天 9:00 开会，都到了第二天的 10:00 了，赵总还没来。这时，赵总给行政部发来信息，说在见一个客户，会议推迟到 12:00。好了，到了 12:00 了，本来是员工吃饭和午休时间，大家只能在会议室等，结果等到下午 1:00，赵总也没来。公司员工打电话过去，赵总说在吃饭，让大家先去吃饭，下午 3:00 再开会，就这样一拖再拖。

同样，对于公司的绩效，每个月统计分值后，赵总会亲自过目，进行调整，觉得李经理不应该有这么高分值，要降低；王经理都没有办好我交代的事情，同样绩效分也应该调低……

年底了，大家也算不出来自己应该得到多少分红，总觉得自己年底可能会有三四万元的红利，结果拿到手的也就四五千元，员工瞬间就像是泄了气的皮球，到处抱怨公司的问题。

所以，企业要做好股权激励，老板的言行一致非常重要，老板首先就应该带头树立好榜样，否则，再好的方案也只是纸上谈兵。

助长懒惰

不少企业老板为了感谢这么多年来一直跟着自己打拼的核心骨干，决定在公司实施股权激励，将其纳入公司股东名册中，因此，一开始就没有想过怎么去约束他们，而是直接奖励他们股份，最后口头激励一番。

结果，导致不少人躺在功劳簿上，尸位素餐，不仅不好好做事，还每年得到大额的薪资和红利；更要命的是占据高位，阻碍新人的发展，进而将这种懒惰的行为状态传染给其他员工，导致公司失去发展动力。

所以，企业老板千万别把股权激励变成股权奖励，我们做股权激励一定要基于未来，而不是基于现在和过去。同时，一定要有相应的约束机制，确保做得好的人有更多的回报，做得差的人有更少的回报或者没有回报。

带来负能量

股权激励之所以会带来负能量，主要原因在于分配不公或者公司言而无信。

分配不公主要体现在付出的人没有更高的回报，没有付出的人反而获得了较高的回报，核心原因是激励不公。

公司言而无信，核心在于老板的言而无信，所以企业经营要逐步过渡到法治，进而代替人治，避免权力的滥用。

增加人力成本

股权激励分的是市场的钱、未来的钱。很多企业老板无法理解这一点，导致公司人力成本增加，带来经营风险。

所谓分市场的钱，是指激励对象完成相应的业绩，从市场上为公司带来更多的收益，公司才会给激励对象更多的回报；分未来的钱，是指公司与激励对象定好规则，基于激励对象未来的表现，分发相应收益。

企业拿股权来奖励员工，或者没有考核机制给员工做分红，只可能是分存量，而不是分增量。**分存量是增加成本，提高风险；分增量是提高效益，降低风险**。

造成权力失控

股权激励会造成公司股东增加,从而稀释创始人股份。公司进行多次私募股权融资,导致公司创始人股份被进一步稀释,从而失去对企业的控制权,这也是不少企业老板在实施股权激励时比较顾忌的问题。

带来法律风险

在笔者对不少企业做股权激励方案辅导过程中发现,因股权激励带来的法律风险主要表现在以下几点:第一,员工成为股东,员工享受股东的相应权益,因而会为自己的利益拿起法律武器申诉;第二,企业老板不懂相关法律,做关联交易,损害股东的利益;第三,与员工之间的激励方式只停留在口头承诺上,导致员工与企业之间法律诉讼不断。

【案例】

L公司实施了股权激励,导致公司股东增加不少。但是作为公司的创始人及企业董事长林总仍然掌握着52%的股份,是公司的最大股东和实际控制人,自然,企业什么事情,都是他说了算。

不久前,林总看中了一个很好的项目,想要拿出500万元进行权益投资,但是自己手上又没有这么多钱,于是就要求公司财务将钱从公司账户上划拨出来,投资到该项目,自己享有投资标的的全部收益。

此事被公司的第二大股东张总发觉,张总和公司出纳关系非同一般,因此,在出纳的帮助下,张总秘密收集相关证据后,联系其他股东对林总提起了诉讼,要求林总赔偿股东的相应损失。法院认为林总参与了不正当关联交易，要求林总对股东做相应赔偿。

此事不仅给林总带来极大损失，也给公司良好的发展局势带来恶劣的影响。

所以，企业老板不仅在实施股权激励之前，要合理、合法，在实施股权激励之后，更要合理、合法。

6.2 股权激励要有战略统筹规划

股权激励的战略规划

企业实施股权激励，要将其提升到企业的战略方向的层面来考虑，提前想好未来可能遇到的问题。伴随着股权激励的施行，社会资本的进入，公司在发展过程中，创始人股份会不断被稀释，企业要防范公司治理结构带来的风险。因此，在企业不同发展时期设计不同的股权激励方案。我们从企业发展的四个时期进行考虑，如图6-2所示。

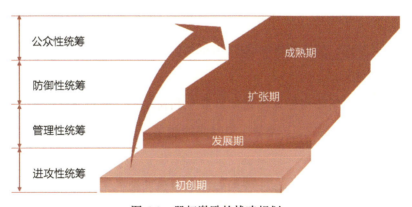

图6-2 股权激励的战略规划

进攻性统筹

当企业发展处于初创期时,公司实力非常弱,一无资源,二无资金,此时老板需要亲力亲为;伴随着企业逐步发展,此时更需要人才加盟,股权激励是吸引他们加入的最好方式。

初创期进行股权激励的方式主要有两种,第一就是在职分红股,第二个就是以期股、期权等方式向实股转化的股份。

拿出来的公司实股的份额最好不要超过 1/3。创始人是公司的灵魂,此时最好掌握公司 67% 及以上的股份,这在股权统筹当中叫进攻性统筹(见图 6-3)。

图 6-3　进攻性统筹股权策略

进攻性统筹可放可收,可进可退,创始人不但拥有防御权,也有进攻权。企业当中的非常重要的大事,只要 2/3 以上股东表决通过就为有效。也就是说,虽然释放了 33% 的股份,但实际上企业创始人拥有企业的绝对控制权。

当然,如果公司经营不善使得股东利益受损,通过其他途径无法解决,持有公司 10% 以上股份一年时间的股东,就可以请求人民法院解散公司。

由于处于初创期,企业管理者还不成熟,他们不能独当一面。当创始人拥有企业的 67% 的股份时,可以获得特别决议事项的通过权力,顺利贯彻相关政策,确保运行顺畅。《公司法》中股东大会特别决议事项如图 6-4 所示。

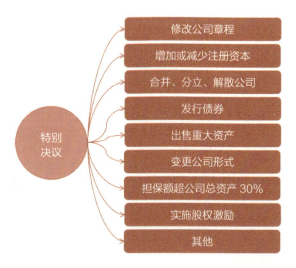

图 6-4 《公司法》中股东大会特别决议事项

管理性统筹

企业处于发展期,公司逐步走向规范化,企业创始人逐步将经营执行的权力下放,公司中层、高层已初具雏形,企业发展迅速。此时,创始人可以抽身出来,制定企业的战略规划,进行长远的思考。这个时候我们可以再次释放一些股份给到高层干部,让他们从小股东慢慢变大,逐步成为公司的核心股东,创始人只需要做到管理性统筹即可。

企业处于发展期,如果创始人要实现相对控股,最好拥有大于 1/2 的股份,在股东大会上,持有超过 1/2 股份的股东获得通过普通决议事项的权力。《公司法》中股东大会普通决议事项如图 6-5 所示。

第二部分 股权激励，引爆内部人才

图6-5 《公司法》中股东大会普通决议事项

【案例】M公司的股权激励

M公司是一家软件公司，主要为企业提供定制化的客户关系管理软件解决方案。在蒋总的带领下，公司获得了快速的发展，营业额不断提升。

起初，公司不大，员工只有二三十人，蒋总进行了股权激励，公司四位核心高管分别获得了12%、10%、6%、4%的股份，蒋总占有68%的股份。

随着全国市场的展开，团队迅速扩大，公司也引进了三位高管。蒋总决定组织召开一次全体股东大会，除了讨论建立公司董事会外，还需要讨论第二次的股改方案，以推动公司快速发展，吸引风险投资的进入。公司这次决定拿出20%的股份做股权激励，10%的股份用来激励新来的高管，5%的股份用来激励公司其他骨干成员，5%的股份做预留。

股改之后两年，激励对象都获得了公司股份，此时，蒋总占股54.4%，原来四位高管分别占股9.6%、8%、4.8%、3.2%，新来的三位高管分别占股 6%、2%、2%，其他核心管理人员获得 5% 股份，同时，还有 5% 预留股份。蒋总拥有对企业的相对控制权，公司治理结构也在不断完善。同时，蒋总已经着手考虑引入 VC，将企业推进到资本市场中，实现裂变式增长的目标。

防御性统筹

企业进入扩张期，市场份额逐步提升，不少风险投资基金也蠢蠢欲动，如果创始人在前期就有资本战略的考虑，那么此时，企业已进行好几轮融资了。

企业一方面需要吸引风险投资，另一方面需要完善公司治理结构，做好股权激励。股权的价值在这个时候突显，股权激励的效果也会非常明显。

公司可以进一步释放股权，经过与资本市场对接以及股权激励，创始人最好仍然拥有公司 1/3 以上的股份，这意味着创始人拥有企业的重大事件否决权，以保证企业的安全，我们将此结构称为防御性统筹。

股东大会或股东会做出特别决议时，要采用绝对多数通过的原则，绝对多数指的是股东大会或股东会做出特别决议时，应有代表股份总数的 2/3 以上的股东出席，并由出席会议的持有 2/3 以上股份的股东同意方可通过。比如，是否解散公司，是否同意合并、重组等重大事件，创始人拥有 1/3 的股份，便意味着可以对此事进行否决。

【案例】

Y 公司是一家做智能穿戴设备的公司，产品畅销海内外。近日，公司打算收购一家生产型企业 D，确保公司产品生产的顺畅。

作为公司的创始人，董事长陈总首先提出了反对意见，陈总认为D公司的生产不能有效补充本公司的短板，反而会拖累本公司，一方面整合D公司就需要花费巨大的时间和精力，另一方面D公司的生产设备不能适应本公司智能化产品生产的需求，大部分设备需要重新替换，生产人员也需要重新培训。这样下来，还不如自己重新组建一家公司。

其他股东坚持认为应该收购D公司，因为D公司的人才、资源能够给Y公司带来更好的补充，况且Y公司目前现金流较好，拥有充足的收购资金。

基于此，作为公司董事长，陈总提议召开股东大会，针对收购案进行投票表决。依照《公司法》的相关规定，并购D公司属于特别决议，必须获得2/3以上股东投票表决通过，尽管陈总只占有35%的股份，但是陈总具有一票否决权。基于此，收购方案就此搁置。

公众性统筹

随着企业继续发展，公司逐步走向成熟，这个时候创始人就不需要掌握1/3以上的股份了，哪怕你拥有企业3.5%的股份，那也非常优秀，因为企业已经实现了公众治理。我们从公众治理的企业结构来看。

第一，公司章程。对于企业家来说，企业家族的股份可能比例很小了，但是他们很早就设立了一个游戏规则，那些律师已经在公司章程中，格式化地写了几条保护原创大股东核心利益的条款。

第二个，基金分析师。中国不少优秀的明星企业如蒙牛、国美等的不少股东是国外投资者。每个投资机构都会有基金分析师，一旦你的企业做出一个重大决策，基金分析师立刻会拿出一个报告，分析这个决策会不会影响投资者利益，影响股东盟约。一旦影响股东利益，股东就会施加压力,或者会联合其他股东,比如说企业家族,来给职业经理人施加压力。

第三个,律师。在海外,要在美国上市非常容易,只要商业模式好,真的能为股东创造效益和价值,他们就会相信你,企业也很容易上市。但上市以后,机构发现企业做的跟说的不一样,不但会狠狠地限制,而且罚款会很高,惩罚很重。在中国不一样,是反过来的。企业上市之前被查得非常严格,上市很困难,但上市以后相对宽松。

公众型的公司治理结构需要进一步完善以董事会为核心的公司治理结构,完善股东大会、监事会,建立以董事会为核心的各级委员会。

【案例】京东刘强东的控制权设计

作为京东商城创始人的刘强东,7年融资20亿美元,自己的股份被稀释了多次,却能始终掌握公司控制权,即便于2014年5月22日上市,之前突击发放的9000余万股的限制性股权激励,刘强东持股也才18.8%(不含代持的4.3%激励股权),勉强领先第二大股东老虎基金(18.1%)与第三大股东腾讯(18%,包括上市后5%的认股权),刘强东的大股东身份似乎岌岌可危,但刘强东却能完全掌控京东,这简直神乎其神。

京东商城实行双股制股权结构,根据京东招股说明书,上市前夕京东的股票会区分为A序列普通股(class A common stock)与B序列普通股(class B common stock)。机构投资人的股票会被重新指定,A序列普通股,每股只有1个投票权;B序列普通股,每股有20个投票权。因此,上市前夕实行A、B股计划后,虽然投资人会收回此前委托给刘强东行使的投票权,但通过A、B股计划1∶20的投票权制度设计,刘强东掌控的投票权大大过半,牢牢掌握企业控制权。因此,京东商城完全不存在腾讯入股后,刘强东对公司失去控制权的问题。

6.3 设计控制权结构,防范权力失控

股权释放要有节奏

企业在实施股权激励时,除了要有战略统筹性规划,同时要把控好股权释放的节奏,在对部分激励对象实施股权激励的时候,不宜过早地把实股释放出去。

公司的股权,主要包括了三种权利,分别是收益权、经营权、所有权。我们在给内部员工做股权激励时,可以对相应权利进行拆分,逐步释放。比如,第一步可以将分红股、股份增值权等虚拟性的股份给到员工,让他们只享受收益的权利,激发其动力;第二步可以采用期股、期权等方式将员工纳入进来,将企业经营权利释放给他们;第三步,员工在完成相应指标后,股权逐步解锁,逐步转化为实股,员工进而享有企业的所有权(见图6-6、图6-7)。

图6-6 企业股权释放策略

第 6 章　如何控制股权激励风险

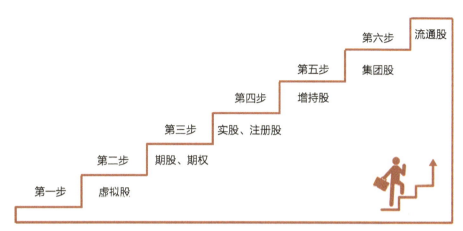

图 6-7　企业实施股权激励的节奏把控

【案例】

K 公司在实施股权激励时,非常注重对节奏的把控。

两年前,K 公司就对公司几名核心高管实施了分红股激励,员工工作积极性比较高。为此,公司考虑在内部实施期股激励,将核心高管纳入到公司股东名册中;同时,对一些技术骨干、中基层的管理人员实施分红股激励,进一步激发员工动力。

K 公司这样设计期股激励方案:激励对象可以拿出 25% 的资金购买公司与激励对象约定好的期股。激励对象持有期股后,每年可以参与分红,分红资金用来回填购买期股未能缴纳的部分,多退少补;两年之后,全部期股转化为实股后,激励对象还不能对全部股份进行行权,而是分三年行权,每年行权 1/3,也就是说激励对象拥有实股三年后,才可以对手中持有的股份进行交易,比如转售、参与企业经营决策等,但股份分红不受此影响。

公司为员工设计了晋升的通道,伴随着公司逐步发展壮大,晋升的员工还可以获得相应的增持股份的权利。同时，公司设计了未来三年的上市战略规划，将公司的股份转化为流通股，为企业发展带来更充足的资源支持。

设计股权控制权结构

股权激励的实施必然会带来股东人数的增加，股东人数增加会产生新的问题。比如，企业去找银行借贷，银行需要有全体股东的签字，好了，有个小股东，尽管只有 0.1% 的股份，但是就是不到现场签字，导致银行贷款批不下来，给公司带来极大的损失。

怎样防范这样的风险？

企业在实施股权激励之前，就必须考虑设计一个内部的持股平台，将公司的股权激励对象纳入到持股平台中来，而不是直接放在公司持股，这样做不仅可以保障创始人的控制权，还可以防范以上风险（见图 6-8）。

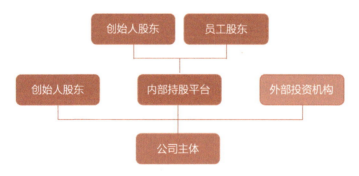

图 6-8 公司持股平台的建立

建立内部持股平台，我们可以考虑以有限合伙企业的性质进行设计，将有限合伙企业设计成一个法人股东；持股主体公司、创始人股东和员工股东可以被放入有限合伙企业当中，签订有限合伙协议。

持股平台为什么是有限合伙企业，而不是有限责任公司？一方面，有限合伙企业避免了双重税负的问题，因为成立有限责任公司需要缴纳企业所得税、个人所得税，有限合伙企业是人合性质的，只需缴纳个人所得税。另一方面，有限合伙企业可以将创始人变成普通合伙人（general partner，GP），享有企业经营管理权；将员工变成有限合伙人（limited partner，LP），不参与经营决策，而只是以投资性质的形式存在，分享收益，这样可以保障创始人的控制权。

这样，主体公司的股东主要有三类：创始人股东、有限合伙企业股东、外部投资机构股东。主体公司向银行借贷，需要签字的股东就是创始人股东、有限合伙企业代表（也就是普通合伙人代表）、外部投资机构代表，消除了每个股东都必须亲自签字的烦恼，降低了相应的风险。

控制权与现金流权分离

伴随企业发展，股权稀释往往不可避免，尤其是企业进行股权融资。往往设计好的股权战略会被改变，那么，企业家如何更好地把控企业控制权，尤其是好几个合伙人一起创业，股权进行多轮稀释后，在每个人的股份比例都很少的情况下，如何把握控制权？

往往这种情况下，我们可以将企业股权的控制权与现金流权进行分离，可以从以下六个方面入手（见图6-9）。

1. 金字塔式股权结构

金字塔式股权结构，又称层级控股结构，是指控制人通过像是金字塔式的控制权结构控制下面的企业。在一般情况下，实际控制人会建立一个持股公司，通过控制持股公司去控制下面的企业。

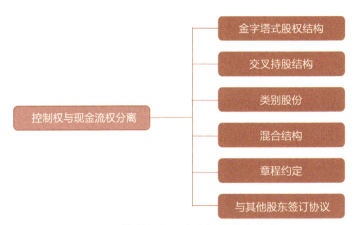

图 6-9 控制权与现金流权的分离方式

我们来看当年参与万科股权之争的宝能集团老板姚振华所控股的前海人寿，它就是典型的金字塔式股权结构（见图 6-10）。

我们可以看到，姚振华控股宝能投资集团，通过宝能投资集团有限公司控股深圳市钜盛华有限公司，然后通过深圳钜盛华有限公司控股前海人寿保险股份有限公司，对前海人寿具有相对控制权。按照权益分配来讲，姚振华实际享有前海人寿的股份比例为 67.4%×51% = 34.374%，也就是说姚振华通过持有 34.374% 的股份就能保障对前海人寿的相对控制权。

企业层级越多，实际控制人对其他股东的权利剥夺程度就越高。那些首富无不通过这种金字塔式的股权结构，掌控自己的财富，构建自己的商业帝国。

2. 交叉持股结构

所谓交叉持股，就是你中有我，我中有你，A 公司持有 B 公司的股份，B 公司持有 A 公司的股份。那么交叉持股如何实现权力的剥离与控制呢？我们可以看图 6-11。

第6章 如何控制股权激励风险

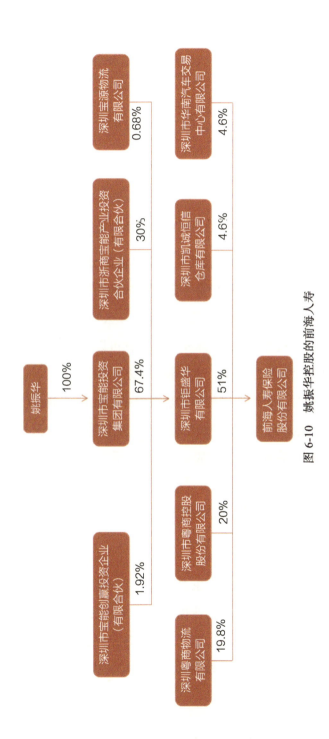

图6-10 姚振华控股的前海人寿

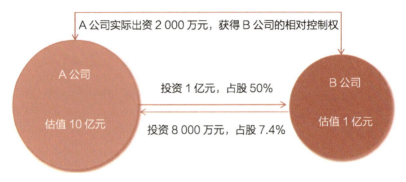

图 6-11　交叉持股结构设计

从图 6-11 可以看出，A 公司、B 公司估值分别是 10 亿元、1 亿元，彼此进行交叉持股、A 公司投资 1 亿元给 B 公司，持有 B 公司 50% 的股份；B 公司投资 8000 万元给 A 公司，持有 A 公司 7.4% 的股份。实际上，A 公司只需要投资 2000 万元给 B 公司，就可以实现对 B 公司的相对控制，进入 B 公司的股东大会，成为最大股东。

市场上存在的交叉持股的形式比较复杂，往往不是这种单纯的交叉持股结构，可能是环形交叉持股结构，比如三四家公司交叉持股形成一个闭环；也有可能是网状交叉持股，好几家公司都是你中有我，我中有你；还有可能是放射交叉持股，以一家公司为核心，交叉持股多家公司；又或者是变异交叉持股，将上面几种交叉持股形式融合在一起（见图 6-12）。

3. 类别股份

股东行使自己的权利，最主要的表现形式就是在股东大会上针对重大事项的投票表决权，所以企业控制权的丧失更多表现在股东大会上表决权的减弱或丧失。基于此，我们将股东持有的股份表决权进行修改，设计出无表决权股份和表决权叠加股份这样两类类别股份表现形式（见图 6-13）。

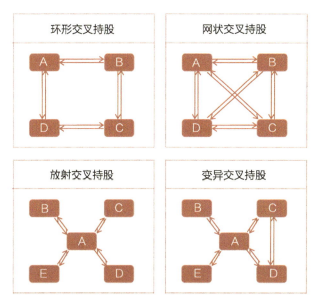

图 6-12 交叉持股的表现形式

图 6-13 类别股份的两种形式

（1）无表决权股份。

我们对激励对象实施虚拟股份，实质上就是剥夺了激励对象的表决权，而只是将收益权授予激励对象。

从风险投资机构对企业的股权投资来看，优先股是一个比较常见的方式。什么是优先股？优先股是相对于普通股而言的，是指在利益分配上，持有优先股的股东可以在利益分配或剩余财产分配上享有优先的权利，但是优先股没有表决权。优先股可以进行转化，比如企业与风投机构约定，下一轮风投机构进入时，投资者持有的优先股可以转化为普通股，或者约定上市前夕，投资者持有的优先股可以转化为普通股。

（2）表决权叠加股份。

企业与投资机构约定，创始人持有的股份，一股具备十股的表决权，收益权不变。这样在很大程度上保障创始人的控股地位，我们可以把这种股份称呼为黄金股或双层股权结构。

一股多票的股权结构是在企业处于强势地位时，投资者进行妥协的结果，如果企业项目没有达到足够好的地步，投资者一般也不会轻易让步。

京东、百度、唯品会、360实施的都是一股多票的双层股权结构，这也就是为什么刘强东持有京东不到20%的股份却能牢牢掌握企业控制权的原因。

当然，由于我国证券市场实行同股同权的股权结构，因此，实施这种双层股权结构的企业如果要上市，最好选择在海外上市，否则，只能拆除这种结构。

4. 混合结构

在明白了前面几种股权结构后，我们就可以将几种方式进行混合，设计出混合性的股权结构。比如，将金字塔式股权结构和交叉持股合用，或者将类别股份和金字塔式股权结构合用，设计出多种混合型的股权结构（见图 6-14）。

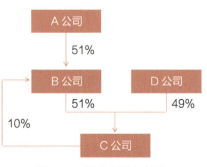

图 6-14 混合型股权结构

不少财团控股的企业往往采用的都是混合型股权结构，旗下的产业纵横交错，密如网络，比如李嘉诚控股的企业、德隆系控股的企业、现代集团控股的企业等，关系错综复杂。

5. 章程约定

股东权利的来源一方面是法律的认定，另一方面可以是公司章程的认定。在我国，《公司法》赋予了企业股东部分自治的权利，只要在法律允许的前提下，公司章程可以约定股东的权利与义务。

【案例】阿里巴巴合伙人机制

阿里巴巴董事局主席马云为了保障创始人对企业的控制权，避免股权分散后带来权力失控的危险，在企业内部设计了合伙人机制（见图6-15）。

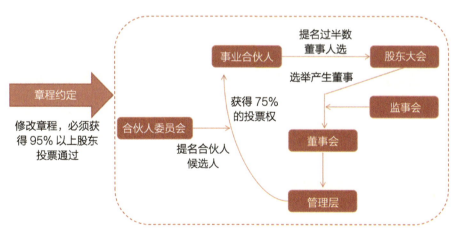

图6-15　阿里巴巴合伙人制度

阿里巴巴的合伙人制度不同于我们以往看到的《中华人民共和国合伙企业法》的内容，而是通过章程设定了一整套围绕控制董事会为核心的制度安排。

阿里巴巴章程规定，阿里巴巴合伙人享有提名过半数董事会成员的专属权。被提名的董事必须在每年的股东大会上得到半数以上投票，如果合伙人提名的董事未能赢得股东大会选举，或者是因为别的原因离开了董事会，合伙人有权任命临时董事以填补空缺，直至下一年度股东大会。当董事会成员中阿里巴巴合伙人成员不足半数时，合伙人有权任命额外董事确保董事会成员中的合伙人在半数以上。

而合伙人的产生不需要经过股东大会，而是由现有合伙人向合伙人委员会提名候选人，然后现有合伙人根据一人一票的原则对候选人进行投票，获得75%的投票便获得通过。

合伙人来自管理层，一旦离职，便意味着退出合伙人关系。

阿里巴巴的合伙人机制保障了企业控制权牢牢掌握在核心管理成员的手中，避免企业被资本所控，维护企业文化的传承和长远的发展。

6. 与其他股东签订协议

公司创始人与其他股东签订相应的协议，将其他股东的决策权委托给创始人，以保障创始人的控制权。比如，创始人可以与其他股东签订《表决权委托协议》《一致行动人协议》或者《表决权拘束协议》等，保障控制权。

【案例】阿里巴巴的《表决权拘束协议》

阿里巴巴不仅在内部设立合伙人制度，还与主要的股东软银、雅虎达成一整套《表决权拘束协议》，进一步巩固合伙人对公司的控制权。

阿里巴巴的《表决权拘束协议》约定：软银在股东大会上投票支持阿里巴巴合伙人提名的董事当选，未经马云、蔡崇信同意，软银不会投票反对阿里巴巴合伙人的董事提名。

PART 3

第三部分

股权融资，整合外部资源

CHAPTER 7
第 7 章
为什么要做股权融资

⊙ **本章导读**

北京摩拜单车科技有限公司，一家成立仅两年多时间的公司，如今估值达到百亿元人民币。

从 2015 年 10 月，摩拜首次获得愉悦资本的数百万美元融资，到 2017 年 1 月，获得腾讯、华平投资集团、携程、华住、TPG 等投资的 2.15 亿美元，在短短 5 个月的时间里，摩拜完成 A 轮、B 轮、C 轮、D 轮四轮股权融资，总融资额达到 4 亿美元。

在私募股权资金的推动下，摩拜单车实现超高速发展。截至 2017 年 4 月，摩拜单车已获得累计骑行次数超过 6 亿次，成为全球最大的互联网出行服务公司，以及国内第二大互联网服务平台（仅次于淘宝）。

同时，摩拜单车仅用了不到 1 年的时间，即实现了日订单量从 0 到 2000 万的高速成长，这一速度不仅超过了所有出行服务行业的企业，甚至超越淘宝，荣膺全球成长最快的互联网服务平台。

放眼国内外，因为获得股权融资而快速发展的企业不胜枚举，阿里巴巴、百度、腾讯、京东等行业大佬，无不是通过股权融资快速发展起来的。

如果说企业经营是爬楼梯，那么股权融资就是乘电梯。爬楼梯速度慢、效率低；乘电梯速度快、效率高。我们是选择爬楼梯战略，还是选择乘电梯战略，一方面取决于我们思维的角度，另一方面取决于认知的高度。

7.1 股权融资带来的不仅仅是资金

股权融资的错误思维

股权融资到底给企业带来了什么？在大部分人的眼里，股权融资就是带来资金，所以，当企业很缺钱的时候，就应该去做股权融资，公司现金流很好，就没有必要去做股权融资。这是一个思维的误区。

恰恰相反，企业在资金充足的时候，更应该去做股权融资；企业在非常缺钱的时候却不应该做股权融资。这是为什么呢？

企业缺钱，证明企业发展遇到了问题。在资本市场，投资人喜欢锦上添花，却不喜欢雪中送炭，企业发展遇到问题，投资人都避而远之，因为他们不会看着投出的钱打水漂，即使不是自己的钱，也会如此。所以，企业在这个时候更应该做的是做债券融资，也就是我们通常讲的借贷。当然，如果你的项目真的足够好，能够有信心获得股权融资，那么在缺乏资金的情况下，获得股权融资当然是最好的选择了。

股权融资带来的好处

一般来讲，企业资金充足，企业发展得不错，当然获得股权融资也会比较容易，可是企业不缺钱，还要融资做什么呢？企业做股权融资还可以获得更大的价值（见图 7-1）。

1. 大大提升公司的价值

企业在实施股权融资时，伴随而来的往往就是公司在快速溢价升值，因此带来公司价值的快速提升。

图 7-1　股权融资带来的益处

从图 7-2 可以看出，公司在刚开始创业阶段，创始人投入资金开始创业，此时，企业生存能力非常弱，所以企业几乎没有溢价的空间；发展到一定阶段后，尤其是公司具备了清晰的商业模式，拥有比较稳定的利润来源，获得天使投资者的青睐，可能会出现 2～5 倍的溢价空间。

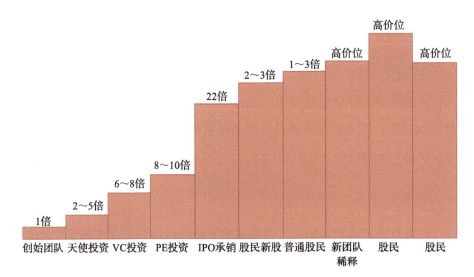

图 7-2　股权融资公司股份溢价走势

企业进入快速发展通道后，融资能力大大增强，因此，公司股份溢价能力得到提升，尤其是在企业获得 A 轮风险融资后，往后 B 轮、C 轮、D 轮风险融资更容易一些，当然，前提必须是企业能够快速健康地发展。

企业上市，对于投资者来说是一个很好的收获时期，企业跨入上市之门，一般会出现 22 倍左右的溢价空间，因此给全体股东带来的财富效应非常明显，股东如果割股套现，会出现几十倍甚至几百倍的溢价，这也是为什么股权投资者在看到好项目后，愿意以更高的溢价投资企业的核心原因。

2. 扩大了品牌的影响力

获得股权投资的企业，往往会被各大财经媒体纷纷报道，一时间原本不知名的企业迅速出现在大众眼前，这大大提升了公司或产品的曝光度，无形中形成了一种比花钱做广告宣传更有效果的品牌宣传力度。同时，投资人的信用背书，大大增加了公司或产品的可信度。

【案例】

2016 年，网红达人"papi 酱"获得真格基金、罗辑思维、光源资本和星图资本 1200 万股权投资。一时间，此事件被各大媒体纷纷报道，"papi 酱"迅速进入人们的视野。

此次投资之后，"papi 酱"不仅获得发展的资金，探寻多元化发展之路，同时，"papi 酱"粉丝数量快速增长，由几百万粉丝增长到上千万，后期，还卖出了天价广告：贴片广告单次播放的价格卖到 2200 万元，夺得新媒体广告"天下第一拍"的位置。

3. 激活内部团队的动力

股权融资在一定程度上提升了公司股份的流通性，让公司股份的价值大大提升。企业如果在内部已经导入了股权激励方案，那么，此时股权融资的成功无疑大大增强了股权激励对象的信心，同时给其他未能参与股权激励方案的员工一种期待，激励他们努力奋斗，早日成为公司股东；另外股权融资的成功可以凝聚人心，增强员工自豪感和归属感。

4. 为公司带来更多资源

我们将股权投资者分为两类：一类是财务性投资者，也就是只做财务性投资，基本上不能给企业带来其他的资源，在合适的时机会卖股套现，赚取溢价收益的投资者；另一类是战略性投资者，他们除了带来资金外，还能给企业带来需要的资源，比如销售渠道、产品供应等，他们一般不会轻易卖股套现，而是将投资标的纳入自己的商业版图，作为商业生态体系的一部分。

除了从投资者身上获得想要的资源外，企业还可以借用投资者投资的资金，参与对其他企业的并购整合，迅速扩张市场。

【案例】

G公司是一家做青少年英语培训的机构，目前门店数量达到20家。为了快速发展，G公司开始进行股权融资，首期融资额1000万元。

一家做天使投资的公司看中了G公司的项目，决定对其投资1000万元。G公司获得资金后，开始在全国快速扩张。

G公司自己开一家门店，需要投资100万元左右，同时还需要寻找和培养相应的人才，对门店进行经营管理，由于人才培养的瓶颈，公司很难快速扩展。

为此，G公司改变策略，决定以参股其他门店的形式拓展市场。比如，那些没有做连锁门店，或者只有两三家连锁门店的企业，竞争力不强，没有自己的品牌优势，G公司只需要投资50万元，就可以持有一家门店51%的股份，获得门店的相对控制权，同时将该门店品牌进行替换，换上自己的品牌，门店的管理人员除了享受以前的薪资收益外，还可以获得门店股份，享受发展的分红收益。

总部会派遣督导定期或不定期巡店，同时门店核心管理人员必须定期到总部做汇报或接受相应的培训。

这样，以并购整合形式进行股权投资，一方面公司投资风险大大降低，另一方面还获得优秀的团队参与门店经营管理，为在全国快速拓展市场提供很好的机会。

5. 推动公司走向规范化

企业参与股权融资，便意味着公司由之前老板一人说了算的决策方式逐步走向规范化；公司逐步完善治理结构，建立股东大会、董事会、监事会；企业也由封闭性的公司转变为开放性的公司。

7.2 做股权融资需要设计战略路径

股权融资战略路径设计的必要性

企业在进行股权融资时，首先应该思考的问题就是设计股权融资战略路径，没有一个合理有效的股权战略路径，尤其是没有上市战略路径规划，就很难吸引投资者进入。因为风险投资者进入，必然会思考两个问题：一个是这个项目能不能给我赚到钱；另一个就是能不能有效地退出，而企业上市为风险投资机构设计了一个绝佳的退出通道。

企业不同发展阶段的股权融资战略路径设计

如果我们将企业发展划分为四个阶段，分别是初创期、发展期、扩张期、成熟期，那么在不同阶段我们做股权融资的方式、目的都会有很大的差别（见图7-3）。

图7-3 股权融资的战略路径设计

1. 初创期

企业处于初创期，生存能力比较弱，公司组织结构、商业模式处于不断变化调整之中，企业需要种子资金来开拓市场、组建团队、提升产品或服务品质。

初创期企业失败的风险最高，企业要想获得股权融资，可以寻找天使投资机构，当然，更多企业只能选择找亲戚朋友或者愿意合伙的合伙人进行股权融资，以解决融资难题。

此时的企业，要想在后续的股权融资中获得成功，需要打造自己的项目亮点，比如具备创新的商业模式、一群优秀的团队、具有领先技术的产品或服务等，如果企业在此时不具备一个或几个突出亮点，那么企业在后续股权融资中将非常艰难。

2. 发展期

进入发展期，企业已经摆脱了艰难的生存状态，公司开始逐步向上发展，公司组织结构、商业模式逐步稳定并不断完善。

此时，企业的重点是打造具备竞争力的样板，树立标杆，建立标准，为后期快速发展做铺垫。因此，此时企业需要的风险资金，主要用来强化样板，引进优秀人才，同时尝试开拓全国市场。

大部分企业无法获得风投机构的青睐，最核心的原因就是基础没打牢，比如没有打造好自己的样板，没有优秀人才的加盟，没有逐步建立标准化的管理体系，而是寄希望于《商业计划书》和自己的口才去说服投资者。因此，失败者多如牛毛，成功者寥寥无几。

3. 扩张期

进入扩张期，企业已经进入快速发展的通道了，已经着手将自己的样板复制到全国，迅速抢占市场制高点。伴随着企业快速发展，此时可能会有风投机构、私募机构主动找上门，要求做股权投资，帮助企业做上市规划等。

当然，扩张期并不意味着企业没有风险或者风险很低了，此时行业的变化与调整、市场的变化、国家政策的变化或是内部的调整等都有可能给企业发展带来灾难。此时，企业必须构建自己的行业壁垒，提升行

第三部分　股权融资，整合外部资源

业门槛，增强核心竞争力。

4. 成熟期

步入成熟期，企业开始着手准备上市了。上市前夕，企业需要私募机构或证券公司的股权投资，一方面解决上市费用问题；另一方面，捆绑上市机构，以帮助企业尽快实现上市目标。

企业上市，既可以选择境内，也可以选择境外。目前我国已经构建了多层次的资本市场，包括主板、中小板、创业板、新三板，企业可以根据自身的需要选择不同的交易机构（见图7-4）。

由于我国境内法律和境外法律有较多的不同，不少在境外上市的企业可能会选择间接上市，也就是通过在境外买壳或者造壳，然后将境内的资产装入壳公司进行上市，以规避相应风险。

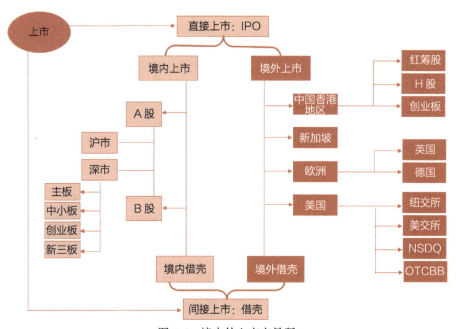

图7-4　境内外上市交易所

上市给企业带来了什么

企业上市是企业发展取得成功的标志性事件之一，那么，上市到底给企业发展带来了什么？

从投资者的角度来看，企业上市为投资者设计了一个绝佳的退出通道。投资者持有的股份可以在二级市场上溢价退出，因此带来的收益可能达到几十倍、几百倍，甚至上千倍。

从企业的角度来看，第一，上市为企业提供了稳定的融资渠道，一方面上市公司可以在二级市场抛售股份，获得发展资金，另一方面也可以做定向增发，获得发展所需要的资金。第二，企业上市后，并购手段得到拓展。上市公司可以以资金形式参与并购整合其他企业；也可以采用股权置换并购整合其他企业；又或者是将股权质押给银行，进行借贷后，拿借贷资金进行并购整合等。第三，扩大了品牌影响力。企业上市，便意味着其成为公众型企业，成为社会关注的焦点，品牌知名度、美誉度自然都会大大提升。第四，完善公司治理结构。企业上市，意味着此时企业已经建立了完善的股东大会、董事会、监事会制度。

7.3 用股权融资实现"星火燎原"计划

股权融资，创新商业模式

如果说前面的股权融资是围绕总公司开展的股权融资，做的是资源整合的工作，那么接下来笔者要讲的是围绕子公司进行股权融资，做的是商业模式的创新。

第三部分　股权融资，整合外部资源

【案例】

笔者曾经接触过这样一家连锁健身馆，这家连锁健身馆的顶层设计非常特别，因为它突破了传统经营模式思维的限制，设计了一个星火燎原般的计划。

一般来说，公司投资兴建一家具备一定规模的健身馆，预算在400万元左右，主要用于装修、购买设备、场地租金、人员工资等。

这家公司投资400万元建设场地后，会投入团队运营半年。该公司所投资的健身馆，都以子公司的形式存在，具备独立的法人，总公司掌握100%的股份，便于后续股权融资操作。

健身馆运营半年之后，基本上走入正轨，此时开始做股权融资。总公司对健身馆进行评估，估值为900万元左右。

公司将健身馆股份设计为900万股，每股1元；增发300万股的股份给风险投资人A，获得300万元的发展资金，用于增加新的健身设施和项目，以及培养教练、加强营销等工作。此时，总公司占股75%，风投A占股25%。

一年之后，健身馆盈利性大大增强，此时健身馆股价也上涨到2.78元/股左右，公司进行股权转让，将288万股的股权转让给投资人B，也就是转让健身馆24%的股份，获得800万元左右的资金。

对于股权转让获得的资金，总公司可以拥有独立的支配权。于是，总公司拿着这800万元的资金，开始寻找新的场地。

总公司将800万元资金分别投入两家新的健身馆的建设中，并且将在总部培养的团队投入到新的健身馆的运营之中。

半年后，这两家新的健身馆进行股权增发融资；一年后做股权转让。

总公司继续将转让获得的资金投入新的健身馆建设中,循环往复,迅速扩大市场。健身馆股权融资路径如图7-5所示。

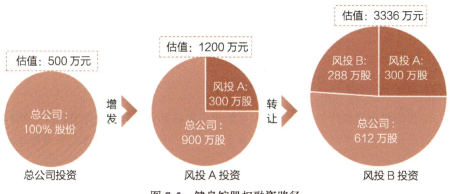

图7-5 健身馆股权融资路径

假如公司以2000万元资金起步,一年之后,公司将有5家健身馆;两年之后,公司将有15家健身馆;三年之后,便拥有35家健身馆。此时如果每家健身馆估值达到3336万元,那么35家健身馆估值达到11.676亿元。总公司占股51%,意味着总公司总资产估值达到6亿元左右,三年时间,资产翻了30倍。

"星火燎原"计划实际上是一个借鸡生蛋的模式,实现了资本的时间与空间的相互转化。

"星火燎原"计划操作成功的关键点在于对样板的打造和复制,而对人才的复制是成功的核心。

CHAPTER 8
第 8 章

如何确保股权融资获得成功

⊙ 本章导读

因股权融资获得快速发展的公司很多，股权融资失败导致企业经营失败的公司更多。2015 年一家做 P2P 租车业务的公司，就是股权融资失败导致的企业关门倒闭。

2015 年 7 月 1 日，成立不到一年的 CoCar 停止服务，团队全部解散，主要原因就是 CoCar 未能融到 A 轮资金，导致资金链断裂。

据了解，CoCar 未能获得融资，商业模式同质化是核心，国内 P2P 租车平台太多，同质化非常严重，但是大多发展都不太好，市场没有培养起来，所以投资人对这个行业投资时特别谨慎。

其次，CoCar 仍然没有解决 P2P 租车行业共同面临的诚信安全问题，丢车、盗车太多，风险把控不严，容易引发车主信用危机。

除了先入场的企业，后来者和小的 P2P 租车平台融资都比较困难，CoCar 成立才一年，模式缺乏创新，与行业前辈相比缺乏竞争优势，同时陷入了同质化的漩涡。

在这个领域，友友租车、宝驾租车和 PP 租车宣布获得新一轮融资，最高融资额为 6000 万美元，最低为 1000 万美元。

股权融资能够帮助企业快速成长，但是股权融资不成功往往会给企业发展带来灾难性的影响。

股权融资成功的概率并不高，100 家公司，能够有两三家公司获得股权融资，就已经很了不起了，即使投资者从 100 个项目里面筛选出两三家企业，进行了股权投资，然而到最后真正能够成功的项目，也只是其中的 4%。

所以，那些一心想着做股权融资，一心奔着风险投资者的资金而去的企业，失败的风险极高。与其这样，还不如踏踏实实把自己的项目做好，做到投资者满意的程度再去做股权融资，即使未能获得风险投资者的投资，也不至于将企业推向破产倒闭的边缘。

8.1 优质的项目是股权融资成功的保证

什么项目才是优质的项目

什么项目才是优质的项目？不同的人有不同的定义标准，我们在这里分析优质的项目，更多的是站在投资者的角度进行分析，也就是说，投资者到底喜欢怎样的项目。

投资者分析项目，主要从两个大的方向入手，一个是该项目能否带来更高的收益与回报，另一个是风险是否可控。具体来讲，我们可以从以下七个维度进行分析（见图 8-1）。

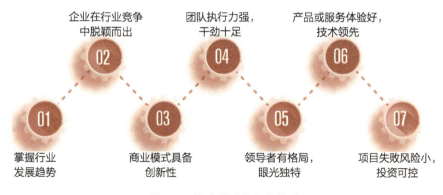

图 8-1 优质项目的七大特质

掌握行业发展趋势

看一个企业所在的行业，我们可以从三个角度去分析：第一，看这个行业目前处于怎样的发展阶段；第二，看这个行业的市场容量有多大，未来还有多大的成长空间；第三，看这个行业是否是政策所关注的。

1. 行业发展阶段

一般来说，一个行业发展可能要经历四个时期：萌芽期、发展期、成熟期、衰退期（见图 8-2）。

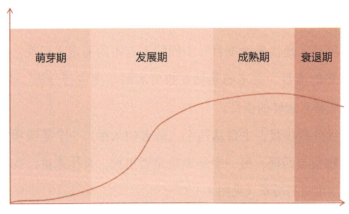

图 8-2　行业发展的四个时期

如果行业处于萌芽期，企业过早进入，不一定是好事，企业既需要领先一步，又不能太领先，因为市场还需要培育，行业发展趋势还不明朗，此时企业经营风险较高，投资者往往处于观望状态。比如，4 年前 3D 打印技术被很多人看好，不少企业进入，折戟沉沙的特别多，技术过于前沿，成本过高，无法大规模普及，导致企业发展受阻。

行业处于发展期，这时候进入的企业特别多，此时企业要避免同质化竞争，包括产品或服务同质化、商业模式同质化。行业处于发展期，不少投资者会加入进来，成为行业内前几位的企业，往往更容易获得投资者的青睐。

行业步入成熟期，此时，行业已经开始大规模洗牌了，并购整合成为趋势，如果你的企业不能进入前五位，甚至是前三位，那么几乎很难获得投资者的青睐。因为行业霸主已经形成，其他小企业几乎很难有生存的空间，除非企业走差异化，寻找到新的蓝海，切入细分领域，否则，企业发展将会异常艰难。

行业步入衰退期，几乎没有投资者进入了。就像当年的团购网站，一时间成为众多投资者争夺的战场，如今行业步入衰退期，几乎没有哪个投资者再去投资这样的企业了。

2. 行业容量

我们再从行业容量的角度来看，企业所处的行业容量太小，也很难获得投资者的青睐，因为行业规模有限，企业再厉害，也很容易碰到天花板，没有发展前景，便意味着失去投资的价值。比如，对讲机行业，市场容量很有限，行业再怎么创新，也很难有什么突破，自然也没有投资者愿意加入。

3. 政策引导

政策大力提倡并扶持的行业，往往更容易获得投资者的青睐；相反，那些政策限制的行业，很少有投资者会进入。

【案例】

2016年被誉为"移动直播元年"。相关数据统计，2016年中国直播市场的总量超过了250亿元。在这巨大市场的推动下，2016年下半年，就有包括熊猫直播、触手 TV、斗鱼直播等视频直播平台宣布获得过亿元的融资,而它们的估值也纷纷"水涨船高"达到数十亿元,在这些资本中并不乏腾讯、阿里、小米、新浪、网易等互联网巨头。

然而,2017 年以来,媒体报道当中却鲜有直播平台融资的消息,仅有斗鱼正在进行融资谈判的消息传出,而更早之前也只有梦想直播在 2017 年 1 月宣称获得数亿美元的 Pre A 轮融资。

显而易见,在经历了两年的迅猛发展之后,资本的降温,同质化严重,竞争加剧,更重要的是相关监管政策法规的陆续出台,使得直播行业在 2017 年出现了减速或退潮的现象。直播平台要想获得更大的发展,获得更多的发展资金,首先要做的就是规避相关政策和法律的风险,其次是走差异化路线,增强用户体验,注意开源节流,尽快寻找到自己的盈利模式。

企业在行业竞争中脱颖而出

同处于一个行业的企业,我们可以采用 SWOT 分析方法分析我们和竞争对手,看看自己与竞争对手之间的差距,找到发展的突破点,进而获得股权融资(见图 8-3)。

首先,自身与竞争对手相比,优势在哪里。如果企业没有任何竞争优势,或者是与行业更厉害的竞争者相比,竞争优势和别人雷同,那么,企业将很难获得融资。此时,我们需要做的是培养自己的竞争优势,尤其是具备差异化的竞争优势。

其次,与竞争对手比,不足的地方在哪,也就是自身的缺点。如果缺点是致命性的,企业就必须想办法弥补。比如,我们坐共享汽车,始终无法摆脱城市停车难的问题,如果没办法解决这个问题,那我们的项目就无法推进,更别说获得投资机构的投资。

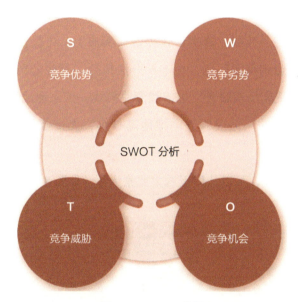

图 8-3　SWOT 分析

再次,与竞争对手相比,我们的竞争机会在哪,也就是寻找到支撑我们未来发展的空间。比如,同样是做视频网站,有的公司倾向于做开放平台,让用户自行上传视频,吸引用户观看;而有的视频网站倾向于购买版权,提升品质,让用户付费观看。

最后,看我们的竞争威胁,也就是在未来将遭遇的挑战。行业霸主一旦进入我们的领域,我们是否还有生存的空间。比如,小米当年做米聊时,就非常担心腾讯的威胁,结果微信出来后,米聊遭遇了严重的挑战。

商业模式具备创新性

商业模式具备创新性不是为创新而创新,而是商业模式能够为企业带来持续发展的竞争能力,商业模式能为企业构建自己的行业壁垒,能够获取未来更大的收益。

不少企业把商业模式弄得过于前卫,还动不动就冠上名:"互联网+"、生态圈、产业链、社群、资本运作等,而实质上,可操作性不强,在实际执行过程中遇到很多问题,根本没办法执行。有些公司甚至过于突出商业模式,轻视产品或服务,想依赖商业模式一劳永逸地解决发展问题,要知道,没有好的产品或服务去把地基打牢,大楼修得再高、再漂亮,也终究会倾覆。

商业模式创新,可以从以下六大要素入手(见图8-4)。

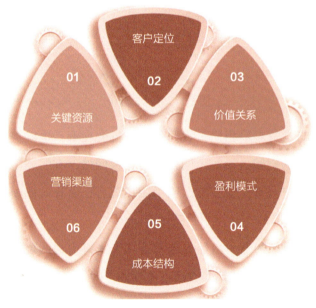

图8-4 商业模式的六大要素

1. 关键资源

企业关键资源包括公司的客户资源、团队、生产设备、渠道、品牌等，企业关键资源是企业生存与发展的基础。企业处于初创期，资源很少或者几乎没有什么资源，那么企业需要逐步构建自己的关键资源，进而形成自己的商业模式，否则企业的商业模式只是空谈，要想获得股权融资更是难上加难。

2. 客户定位

没有哪个企业能为所有的人提供产品或服务，所以，企业必须定位好自己的客户群，确定为哪些人或哪一类人提供产品或服务。

不同的客户定位会影响企业的交易方式，会形成不同的商业模式。比如，我们做智能家居，可以将客户定位为中产或富人阶层，那么，我们会思考：中产或富人阶层一般会在哪些地方活跃呢？答案可能是房屋中介中心、车展会、企业培训会现场、比较高端的婚庆公司、星级酒店，等等。基于此，我们的营销方式也会相应改变。

3. 价值关系

与我们的客户构建价值关系，这是商业模式能否成功的关键。比如，我们做一个同城货运的平台，那么我们就应该思考怎样为有货运需求和货车空闲的司机提供一个双方能够对接信息的平台，为双方提供价值，同时技术上又能可实现。基于此，以移动互联网为基础，货拉拉、58到家等这样的平台应运而生。

4. 盈利模式

企业以盈利为目的，没有利润来源，便意味着企业需要不断从外部输血，补充发展资金。企业要么现在盈利，要么未来能盈利，否则就不能被称为企业。

风险投资机构不会为没有盈利能力的企业投资，尤其是那些在不久的将来仍然没法实现盈利的企业，投资者基本上不会去投资。当然，市场上不少企业年年处于亏损状态，仍然能够获得大笔的风险投资，这是因为投资者看中的是企业未来的盈利能力。如果你的企业让投资者看不到未来，那风险投资机构一定会放弃。

5. 成本结构

成本控制对企业的发展来说意义重大，不少企业成本过高从而失去竞争优势，逐步被市场淘汰；相反那些采用新技术或新的管理方式的企业，效率得到提升，实现成本降低，能够获得竞争的优势。

比如，一次性餐盒是一个巨大的市场，但是我们使用的一次性餐盒没办法降解，对环境污染很大，基于此，不少企业发明了可降解的餐盒，因此获得政府的补贴。但是，市场仍然打不开，为什么，因为成本太高，始终没办法将成本压缩到塑料餐盒的成本之下，谁能做到，谁就能在市场上脱颖而出。

6. 营销渠道

企业采用什么样的方式去营销公司的产品或服务，这是商业模式能否执行到位的关键。企业可以采用的营销渠道包括建立销售渠道，进行分销，建设门店进行销售，采用网络进行直销，或者是借力销售，也就是借他人的营销网络去销售产品或服务等。总之，方式有多种。目前市场上以分销、微信三级分销、体验式销售等方式被许多企业采纳和接受。

团队执行力强，干劲十足

团队执行力强不强，有没有干劲主要是由三大因素造成的：一是公司岗位职责和业务流程是否梳理清晰、明确;二是公司机制设计是否有效;三是人才的选育留用是否做到位。

公司岗位职责和业务流程受公司组织结构的影响,而组织结构的设计受公司商业模式和战略目标的影响。所以,公司要梳理好岗位职责和业务流程,必须先从对公司商业模式和战略目标的梳理开始,然后到组织结构,逐步清晰明了。

公司机制包括激励机制和约束机制。激励机制包括文化激励机制和物资激励机制;约束机制更多地体现的是公司规章制度(见图8-5)。激励与约束往往相互融合,不可分割。(前面已经讲述机制的相应内容,这里不做深入阐述。)

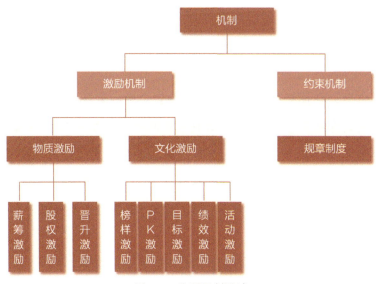

图 8-5 公司机制设计

领导者有格局,眼光独特

领导者的格局与眼光,对企业股权融资的成败起到了关键性的作用。

为什么孙正义见了马云6分钟后就选择投资阿里巴巴,作为阿里巴巴董事局主席的马云的眼光和格局起到了关键性的作用。

不少企业老板格局不够大,企业发展好了,就开始算计投资人,最后得罪投资人,企业再也发展不大。

【案例】

笔者曾经接触一个做风险投资的朋友,他给我讲:

2015年,我投了一家处于成长期的高新技术企业,投资后企业成长速度远远超出了原先的预期,这本是一件好事。结果那位"精明"的企业家觉得当初的融资价格便宜了,自己吃亏了,于是想尽办法利用境外销售平台截留利润,找各种借口不规范财务,逼我们回购退出。其实,企业的伎俩和目的我们非常清楚,但最后我们还是选择了回购退出。

一方面,在投资中,PE作为财务投资者确实是弱势一方,在企业和大股东的刻意阻挠下,我们选择维权难度很大,决意维权的结局基本就是双输,自己又不想当"怨妇",只好选择在实现一定收益的前提下退出。更重要的是,这让我们彻底看清了这位企业家,再有前景的企业,都需要一个有胸怀、有格局的企业家来引领,格局小的企业家是做不出大企业。

企业家千万别因为眼前利益去得罪投资人,投资人有自己的圈子,企业家格局太小会在行业内树立不好的口碑,往后融资将非常艰难。即便获得了融资,格局小的企业家也根本没办法把企业做强、做大。格局小的人很难吸引人才进来,合作伙伴也会不断远离,因为老板的格局决定了企业的结局。

产品或服务体验好，技术领先

公司的产品或服务是企业得以发展的基础，具备良好体验的产品或服务才能赢得更多客户的信任和支持，也才能获得投资者的青睐。苹果的商业模式虽然厉害，但是能生产出 iPhone 这样划时代的产品，这是其成功的关键。

产品好，不仅仅是产品品质和质量好，更在于良好的用户体验和感受，能够带来客户持续不断的消费欲望。

项目失败风险小，投资可控

项目的风险贯穿于项目的全过程，其中某一因素的影响都可能会导致项目的失败。投资者对项目风险的评估主要从以下六个方面入手（见图 8-6）。

图 8-6　投资者对项目风险考察要素

1. 产品和技术风险

产品和技术风险是产品技术本身的不足及可替代的新技术出现等给投资带来的风险。我们可以从技术的成熟性、替代技术、技术生命周期、技术的适用性以及产品的受欢迎程度等维度进行判断。

2. 市场风险

市场风险是内外部因素导致企业产品或服务赢得市场竞争优势的不确定性。具体考察因素包括市场规模、市场竞争力以及项目操作方的销售能力等。

3. 资金风险

资金风险是投资者最为关注的，因为财务状况的好坏可以直接影响企业的发展。在进行评估时，主要考量项目操作方的财务状况、融资能力、资金流动情况等方面。

4. 管理风险

管理风险主要指管理不善导致投资失败的可能性。管理水平的高低是项目成败的关键，这部分指标主要考察的是管理者的背景、素质、经验及各方面能力等。

5. 社会和政策风险

社会和政策风险是国家政策、法规、政治经济环境的变动，导致市场需求发生改变所引发的风险。重点考察的指标是国家产业政策、地方政府政策以及政治经济环境等。

6. 资金退出风险

主要考察指标包括：投资回收期、项目移交和清算、资本的退出方式等方面。

8.2 《商业计划书》是股权融资的敲门砖

什么是《商业计划书》

《商业计划书》是企业或项目单位为了实现招商融资和其他发展目标，在对项目调研、分析以及搜集整理有关资料的基础上，根据一定的格式和内容要求，向读者（投资商及其他相关人员）全面展示企业/项目目前状况及未来发展潜力的书面材料。

说的直接一点，《商业计划书》就是企业用来融资的"敲门砖""金钥匙"。

美国快速成长的企业中的68%是从《商业计划书》开始的，有《商业计划书》的企业与没有《商业计划书》的企业相比，从快速获得融资成功的概率来看提高了69%。《商业计划书》是创业者展示梦想和希望的舞台，也是连接企业家理想与现实的桥梁。

企业做股权融资，离不开对自身项目的自我推销，而这种推销最好的表达形式就是《商业计划书》。《商业计划书》的价值如图8-7所示。

1. 获得发展的资金

企业家游说投资者投资本公司或项目，空口无凭，需要有一份合格的《商业计划书》，作为投资参考的依据。

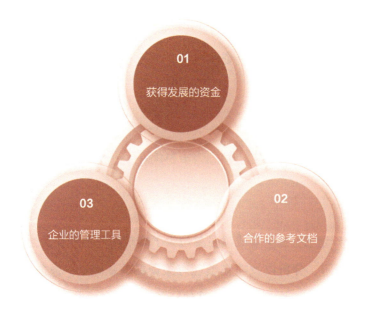

图 8-7 《商业计划书》的价值

2. 合作的参考文档

《商业计划书》必须以书面形式给投资者。投资项目失败,如果企业在《商业计划书》中隐瞒了公司机密信息或是弄虚作假,则对方有权要求退还投资,甚至是对责任人提起法律诉讼。

3. 企业的管理工具

《商业计划书》可以用于指导企业管理者,使其明白企业的经营目标和方向,认清自己的职责,激发自身的动力。

怎样才算一份好的《商业计划书》

一份好的《商业计划书》,要能在更短的时间获得投资者的关注,需要突出展示自己的核竞争优势,让投资者第一眼就能看到、听到,并感觉到投资价值,同时也需要让投资者信服,学会用数据说话。

《商业计划书》要引导投资者关注价值实现的可行性,进行自我分析,而不是强加观点。

企业不用因害怕自身的不足,而在《商业计划书》中故意修饰,因为投资者既需要掌握你的核心优势,也需要了解你的不足。如果真是那样完美,那么投资也失去了意义。撰写《商业计划书》的三大核心要点如图8-8所示。

图8-8 撰写《商业计划书》的三大核心要点

一份好的《商业计划书》必须突出企业的核心竞争优势。风险投资者之所以愿意投资你的项目,是因为他一定看到这样三点:①这个项目可以赚到更多的钱;②项目能够赚钱的相关要素确实属实,能够实现;③风险基本可控。

我们在撰写《商业计划书》时,可以从以下十大要素入手(见图8-9)。

如图8-10所示,一个好的《商业计划书》="报告文学"+"科幻小说"。

"报告文学"是什么?就是记实的部分。公司简介、产品或服务介绍、团队介绍、市场分析、商业模式、治理结构、财务分析等,基本上是记实的部分,用来反映企业的经营状况。

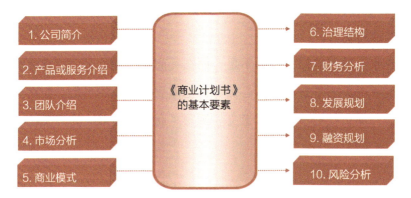

图 8-9 《商业计划书》的基本要素

图 8-10 《商业计划书》的两大特性

"科幻小说"是什么?就是记虚的部分。它是对未来前景的规划、预测以及对未来方向的把握,包括发展规划、融资规划、风险分析等。

《商业计划书》的表现形式

《商业计划书》不拘泥于用 Word 还是 PPT 形式展示。一般来说,需要在会上展示的《商业计划书》,最好以 PPT 的形式表现。

PPT 设计,尽量多用图表,比如图片、模型图、表格(见图 8-11)。

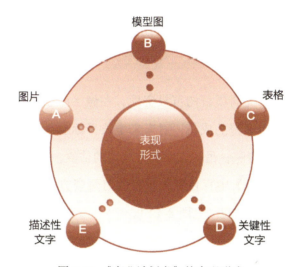

图 8-11 《商业计划书》的表现形式

《商业计划书》要文字表达清晰,语言简洁精练,避免过多冗余的文字出现。

一般来说,不少企业喜欢套用别人的《商业计划书》模板,这是一个误区。每家企业都不同,即使是同等规模,同样行业的企业也会有很大的差别。在《商业计划书》中,要尽量展示自身的优势,吸引投资者的注意。

一般来说,企业处于寻找投资者的阶段,《商业计划书》的目的是吸引投资者的注意,不需要做得过于详细复杂,简洁明了为好,突出核心竞争力。

当确定了投资意向，投资者需要做相应的尽职调查，此时出具的《商业计划书》需要是详细具体的。投资者根据详细的《商业计划书》对企业进行核查，确保相关信息的准确、可信，进而确保投资合作的达成。

《商业计划书》设计的三大误区

企业在做《商业计划书》时，一定要规避这样常见的三大误区。

1. 盲目夸大

不少企业为了提高项目的可投资性，在做《商业计划书》时，总是不自觉地夸大公司取得的成绩，对未来增长目标也是过于夸大，一方面为了吸引投资者的青睐，另一方面提升公司的估值，获取更大的利润。

在《商业计划书》中盲目夸大自己，对融资方来说并不能带来什么好处，反而还会伤害自己（见图8-12）。

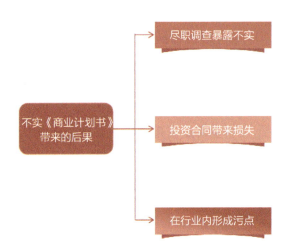

图8-12　不实《商业计划书》带来的后果

（1）《商业计划书》是投资者了解融资者的一个信息载体，作为投资者评价项目是否有投资价值的依据。而最终决定投资，是在尽职调查做完以后。尽职调查可以暴露《商业计划书》中不实的信息。

（2）即使投资者在做完尽职调查后，没有发觉《商业计划书》中不实的信息，但是在投资合同中，也会做相关规定，一旦项目失败，且企业隐瞒或夸大了公司的机密信息，则对方有权要求退还投资，甚至对责任人提起法律诉讼。这时候，你做的《商业计划书》成了投资者告发你的法律依据。

（3）风险投资领域中的，不少投资公司之间是有关系往来的，一方面它们可以进行组合投资，分散风险；另一方面它们共享信息，挖掘好的项目。所以，融资方盲目夸大的《商业计划书》一旦暴露，将在投资行业领域成为污点，不诚信的记录会在行业内传播，影响融资。

2. 套用模板

不少企业在写作《商业计划书》时，很喜欢套用别人的模板。这确实能减少工作量，但是往往会带来一些问题。

每个企业的经营模式、管理方式、产品、服务、人员构成等都不同，特别是每家企业的独特优势点也不一样，那么套用模板，显然不能很好地展示自我的独特价值。

另外，企业融资动辄上千万、几个亿的资金，为什么不拿出几万请专业的咨询师去指导完成呢？要知道，他们有丰富的经验、专业的团队，最重要的是对资本和投资者的理解更深，更能提高融资的成功率。

3. 文字堆砌

以 PPT 形式展示的《商业计划书》应尽量多使用图表，少使用大规模的文字。一方面，这能够让投资者迅速看懂、理解；另一方面，图表更能增强吸引力。

比如，融资 2000 万元，资金用途是 30% 用于团队建设，35% 用于品牌建设，20% 用于渠道开发，剩下的用于运营费用。那么，你可以做一个饼形图，将资金分配形象地展现出来。这就比只用文字说明更加直观。

当然，如果有视频说明，也可以附带在 PPT 里面，让表现形式更加生动。

CHAPTER 9 第9章

如何与投资者签订对赌协议

⊙ 本章导读

2015年7月16日,俏江南官方发出声明,创始人张兰已不再是董事会成员,至此,张兰彻底退出俏江南,而这一切都得从与鼎晖投资的对赌协议说起。

2008年爆发了全球性的金融危机,然而对于餐饮行业来说,这却是一个令人兴奋的事情。资本为规避周期性行业的波动,开始成规模地投资餐饮业,在短时间内涌现出百胜入股小肥羊、快乐蜂收购永和大王、IDG投资一茶一座、红杉资本投资乡村基等资本事件;全聚德与小肥羊先后于A股及港股成功上市,湘鄂情登陆A股等事件,为餐饮行业注入了一针兴奋剂。

2008年下半年,张兰结识了鼎晖投资的合伙人王功权,两人一拍即合,达成了股权合作事项。鼎晖向俏江南注资2亿元人民币,占其10.526%的股权,而这个价格是当时潜在竞争者的3倍,因而顺利赢得了张兰的首肯。既然是高价入资,鼎晖投资自然要求与创业方签订一系列约束性条款;包括董事会条款、防稀释条款、竞业禁止条款,以及外界耳熟能详的对赌条款等,以全方位对创业方形成各种制约,保护自身的投资利益。

对赌协议这样约定:如果俏江南不能在2012年年末之前实现上市,则俏江南必须要将鼎晖投资手中的股份回购回去,而且必须保证鼎晖投资的合理回报。

然而事情没有想象中的那么顺利,2011年3月,俏江南向中国证监会提交了于A股上市的申请,上市申请提交之后,俏江南的材料实际处于"打入冷宫"状态,监管层冻结了餐饮企业的IPO申请。

A股无门,俏江南不得不转战港股,然而,市场的寒冬却令俏江南的上市前景依然黯淡,赴港上市也没能实现。

俏江南未能完成上市目标,导致其触发了股份回购条款,这就意味着,俏江南必须用现金将鼎晖投资所持有的俏江南的股份回购回去,同时还得保证鼎晖投资获得合理的回报。

第三部分 股权融资，整合外部资源

处于经营困境之中的俏江南，显然无法拿出这笔巨额现金来回购鼎晖投资手中的股份。此时，当初签署的"领售权条款"就开始发挥作用了，也就是说鼎晖投资可以将公司的股份，包括张兰手中的股份卖给第三方，以补偿自己的投资。

2014年4月，欧洲私募股权基金CVC宣布完成对俏江南的收购，CVC以3亿美元的价格收购了俏江南82.7%的股权，其中除了鼎晖投资出售的10.53%，其余超过72%的股权即为张兰出售。张兰落得个尴尬的小股东地位之后，明面上，她还是俏江南的董事长，但她已然无法左右俏江南的发展了。

CVC对俏江南的收购是杠杆收购，3亿美元收购款中，有1.4亿美元是以股权质押的方式从银行融资获得的，另外有1亿美元是以债券的方式向公众募集而来的，CVC自身实际只拿出6000万美元。

2014~2015年，公款消费的几近绝迹叠加经济增速的放缓，高端餐饮复苏变得遥遥无期，CVC所期望的依靠俏江南的现金流来偿还并购贷款的设想根本无法实现。

CVC不愿在俏江南的泥潭里陷得更深，索性就放弃俏江南的股权，任由银行等债权方处置俏江南了。由于当初并购时抵押的是俏江南全部的股权，张兰也跟随失去了自己在俏江南的少数股权，自己被迫离开公司。

资本是企业发展的血液，是推动企业快速发展的加速器，但同时，资本也是血腥的，因为资本而出局的创始人举不胜举，不仅仅是俏江南的张兰，陈晓与摩根士丹利及鼎晖投资对赌，输掉永乐电器；李途纯对赌英联、摩根士丹利、高盛，输掉太子奶；吴长江引入软银赛富和施耐德后被逼出雷士照明；"真功夫"蔡达标引入中山联动和今日资本后身陷囹圄……

企业做股权融资，与风险投资者签订对赌协议，是一个比较普遍的现象，对于大部分参与股权融资的企业来说，投资者往往处于强势地位，融资者处于弱势一方，因此，对赌协议往往更有利于保护投资者的利益。

所以，作为融资一方的企业创始人，除了把自己的企业经营好，以便于在融资中增强自身的筹码外，也需要了解你的投资者，认真对待与投资者的对赌协议，做好防范措施。

9.1 深入了解你的投资者

从五个维度了解你的投资者

《孙子兵法·谋攻篇》里这样讲道："知彼知己者，百战不殆。"企业在做股权融资时，也需要知己知彼。

我们可以从以下五个维度了解我们的投资者（见图9-1）。

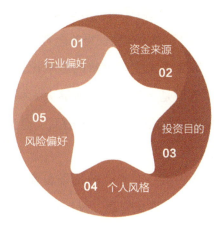

图 9-1 了解投资者的五大要素

1. 行业偏好

风险投资者有不同的风险偏好，有的投资者喜欢投互联网行业，有的喜欢投房地产行业，有的喜欢投资新农村、新农业等。风投机构有不同的风投偏好，这与投资者对行业的认知度以及对行业趋势判断的不同有关。所以，我们在做股权融资时，首先应该了解你的投资者的行业偏好。

如果我们做新农业，最好找偏好投资新农业的投资者，一方面可以大大提升融资的成功率，另一方面，有行业偏好的投资者能够为企业带来更多的资源。比如，我们如果做有机食品种植与加工，那么投资者可能会给我们介绍做有机食品营销的公司，或者是投资者投资过做有机食品化肥的公司，能够和我们一起捆绑发展，资源整合能够带来更大的价值。

2. 资金来源

股权投资的资金来源主要包括三类，一类是个人投资者，资金来源于个人；另一类是专业从事股权投资的机构，资金主要从广大散户投资者那里取得，交由专业投资机构管理；第三类就是非专业风险投资机构，其是企业经营中所取得的利润，或是获得的融资的来源。

个人投资者，投资受个人主观因素的影响比较大，投资随意性大，这对于融资者来说，反而是一件好事，能够大大提升融资成功的概率。因此，不少企业在寻找专业风险投资者失败后，会选择一些具备一定资金实力的个人进行募集资金。

专业风险投资机构拥有一套专业的投资和管理体系，从项目筛选，到项目调研、投资会研讨、资金管理、投后管理等，都有明确的管理规范，融资者的项目无法通过投资者的项目筛选的层层"关口"，将会被投资者放弃。这对于不少企业来讲，是一个非常大的挑战，因此，有不少企业死在了融资的路上。

非专业投资机构做股权投资，主要精力仍然在企业自身的经营上了，做股权投资更大的目的是为企业战略发展而考虑，实现资源整合，提升企业竞争力，当然，也不排除不少企业为了赚取更高的财务收益而将其变成一种投机行为去做。

3. 投资目的

了解投资者的投资目的非常重要，因为投资者的投资可能会影响企业的控制权。

一般来说，作为财务性投资，以追求财务回报为主要目的，投资者不会干涉企业的经营决策，但是在企业经营困难时，投资者可能会干预企业决策。

战略性投资者，主要以企业自身经营发展为考量方向，股权投资的目的是弥补自身经营发展中的不足，实现资源的整合；又或是为了实现强强联合，攫取未来垄断收益，那么，投资者往往会控制被投标的企业，进入标的企业董事会，企图夺取控制权。融资者在引入战略投资者时，要防范失去控制权的风险。

4. 个人风格

从个人角度考虑，不同投资者有不同的个人风格。有的人大胆果敢、敢于冒进，因此，创业者可以向这类人群突出展示收益回报；有的人稳健内敛、考虑周全，因此，创业者需要向他们突出展示商业逻辑的合理性，以及如何规避风险等。

5. 风险偏好

不同投资者对风险偏好不同，因此，投资企业发展阶段也不同，一般来说，投资企业早期阶段风险最高，当然收益也最高，上市前期的投资风险会小很多。天使投资风险最高，随着 A 轮、B 轮、C 轮的风险资金进入，风险会逐步降低；进入到公募市场，投资者风险大大降低。

当然，风险越高，收益往往越高。天使投资者顶住了巨大的风险，企业成功上市，他们自然获得巨额的回报。

9.2 必要时，与投资者签订对赌协议

到底什么是对赌协议

对赌协议就是投资方与融资方在达成投融资协议时，对于未来不确定的情况进行一种提前约定，如果约定的条件出现，投资方可以行使一种权利；如果约定的条件不出现，融资方则行使一种权利。所以，对赌协议实际上就是期权的一种形式。

对赌协议可以有效保障投资者的利益，同时，对融资方的经营者和决策人来说是一种鞭策。在国际企业的投融资中，对赌协议被广泛采用；在我国，对赌协议还没有形成一种制度设置。但是，目前，越来越多的投融资事件，都有对赌协议的设计。

【案例】

1999 年 1 月，牛根生创立了"蒙牛乳业有限公司"，公司注册资本 100 万元。2003 年，摩根士丹利等三家国际投资机构与蒙牛乳业签署了类似于国内证券市场可转债的"可换股票据"的协议，约定摩根士丹利等三家国际投资机构向蒙牛乳业注资 3523 万美元，折合人民币 2.9 亿元，并获得未来可以以 0.74 港元/股购买蒙牛的股票的权利。

为了尽快实现资本的增值，高价出售低价购买的股票，摩根士丹利

等三家国际投资机构与蒙牛管理层签署了基于业绩增长的对赌协议。双方约定，2003～2006年，蒙牛乳业的复合年增长率不低于50%。若达不到，公司管理层将支付给摩根士丹利等三家国际投资机构6000万～7000万股的上市公司股份；如果业绩增长达到目标，摩根士丹利等三家国际投资机构就要拿出自己的相应股份奖励给蒙牛管理层。

2004年6月，蒙牛业绩增长就已达到预期目标，摩根士丹利等三家国际投资机构提前终止对赌协议。

摩根士丹利等三家国际投资机构"可换股票据"的期权价值得以兑现，换股时蒙牛乳业股票价格已经高达每股6港元以上；而对赌协议中给予蒙牛乳业管理层的股份奖励也都得以兑现。摩根士丹利等国际投资机构投资于蒙牛乳业的业绩对赌，让各方都成为赢家。

对赌协议到底包含哪些内容

对赌协议的核心条款主要由两大部分组成：第一，约定某一时期公司战略目标的实现状况；第二，约定未能达到标准时，管理层补偿投资人损失的方式和额度（见图9-2）。

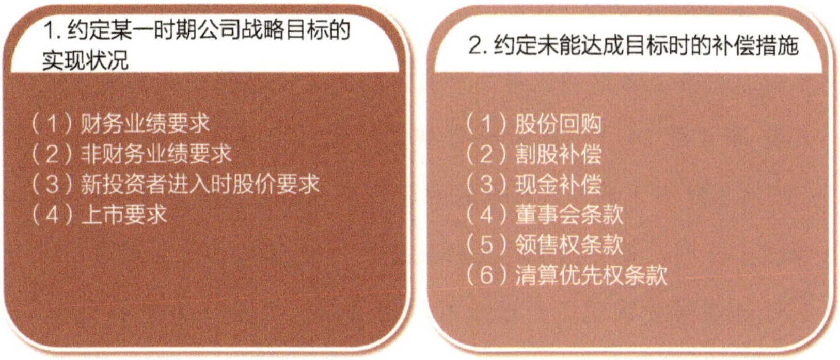

1. 约定某一时期公司战略目标的实现状况	2. 约定未能达成目标时的补偿措施
（1）财务业绩要求 （2）非财务业绩要求 （3）新投资者进入时股价要求 （4）上市要求	（1）股份回购 （2）割股补偿 （3）现金补偿 （4）董事会条款 （5）领售权条款 （6）清算优先权条款

图9-2　对赌协议的核心要件

1. 约定某一时期公司战略目标的实现状况

约定某一时期公司战略目标的实现状况，目前存在的形式主要有四类：财务业绩要求、非财务业绩要求、新投资者进入时股价要求、上市要求。

首先，财务业绩要求是指未来某一时期财务的实现情况达到某一目标，比如未来三年销售额达到 1 亿元，利润达到 2000 万元。

【案例】永乐电器的改朝换代

2004 年，对于家电连锁行业领域，当下可以说是一个跑马圈地的时代，为了迅速扩张市场，永乐电器开始寻找风险投资者支持。

2005 年 1 月，永乐电器获得摩根士丹利及鼎晖投资 5000 万美元的联合投资。正是这笔投资，让陈晓与包括摩根士丹利及鼎晖投资在内的资本方签下了一纸"对赌协议"，规定了永乐电器 2007 年净利润的实现目标，要达到 6.75 亿元，如果未能完成，陈晓方面则需要根据实现情况出让 3%～6% 的股权给摩根士丹利。

获得融资后的永乐电器，加速扩张，2005 年 10 月 14 日，永乐电器登陆香港联交所完成 IPO，融资超过 10 亿港元。

但是，企业上市这件光鲜的外衣，仍然无法遮挡企业发展的困局。

2006 年 4 月 24 日，永乐公告披露"预计上半年的利润低于去年同期"。此消息发布之后，永乐电器的股价毫无悬念地连续下挫。永乐的投资人摩根士丹利，也在此期间立刻减持了手中 50% 的永乐股票。

最让陈晓难受的还不是永乐股价的下跌，而是一年前签下的那纸对赌协议。

迫于无奈，陈晓只好选择将公司出售给国美，成为国美电器的子公司。2006年11月，陈晓低调出任国美电器总裁，持有不足4%的股权，陈晓俨然只是一个职业经理人了。

其次，对赌协议中可能有非财务业绩要求，比KPI、客户数、产品、技术、产量等的要求。一般来说，对赌协议中，投资者对非财务业绩要求往往会少一些，因为投资者更看重结果。

再次，投资者与融资方签订对赌协议时，往往会要求后续有新投资者加入时，公司股价不得低于新投资者未加入时的价格，否则，将会以一定的方式进行补偿。

最后就是上市的要求，这是每个投资者都非常看重的，因此，对赌协议几乎都会涉及上市的要求，主要是上市时间的要求。

2. 约定未能达成目标时的补偿措施

投资者与管理层签订对赌协议，一旦融资方未能完成要求的战略目标，投资者往往会要求融资方给予相应的权益补偿，以保障投资者的利益，降低投资失败的风险，这样投资者就会在对赌协议中写明相应的补偿措施。

投资者会要求企业在保障投资者利益的前提下回购投资者手中持有的股份，这种方式实际上就是一种期权的方式。比如，投资者要求企业3年内业绩必须达到1亿元，如果未能完成，公司管理层必须以1元/股的价格或者当时企业评估的价格回购投资者持有的全部股份。这种方式对于投资者来说实际上是一个兜底计划，能更好地保障投资者的利益。

但是，对于管理者来说，这却是巨大的压力，这投资者投资的钱往往用于企业经营发展，如果企业经营不利，同时现金流又不充裕，投资者要求管理层回购持有的全部股份，这对于企业和其他股东来说，无异于雪上加霜。

我们再来看割股补偿，也就是约定的在未来某一时刻企业的战略目标未能达成时，管理层将无条件转让自己手中持有的部分股份给投资者。如果是签订防稀释条款，那么，管理层在做股权增发引进新的投资者时，只有经营方的股份被稀释，之前投资者的股份比例保持不变，这实际上就是管理者补偿了投资者部分的股份，对管理层也是一个不小的压力。

现金补偿类似于割股补偿，只不过是补偿的标的变成了现金。

对赌协议涉及董事会的相应条款，往往涉及公司控制权的问题，一般来说，投资者为了保障自己的利益，会在对赌协议中写明，一旦约定的目标未能实现，投资方将安排相关人员进入董事会，参与企业经营决策，或者改组董事会，夺取控制权。战略性投资者往往比较关注这方面，因此，在设计对赌协议时也会偏向于董事会条款。

领售权条款是指领衔出售公司的权利，一旦企业约定的目标未能实现，投资者有权将公司出售给第三方，进而保障投资者的利益。领售权条款降低了投资者的风险，但是，却很容易让创始人失去企业控制权，即使创始人拥有绝对的控股权，仍然有可能变成一个小股东，面临被踢出局的命运，所以管理层一定要十分谨慎。

【案例】

俏江南未能实现上市目标，同时公司业绩持续下滑，导致企业财务困难，根本无力回购鼎晖投资的股份，更别说保障约定的投资回报收益了，因此，领售权条款开始生效。

按照之前签订的对赌协议中领售权的条款：如果多数 A 类优先股股东同意出售或者清算公司，则其余的股东都应该同意此交易，并且以相同的价格和条件出售他们的股份。

在俏江南案例中，A 类优先股股东只有鼎晖一家，因此只要其决定出售公司，张兰这个大股东是必须无条件跟随的。那么，鼎晖只要能找到愿意收购俏江南的资本方，就能顺利套现自己的投资，张兰也得跟着被迫卖公司。

在这种情况下，欧洲私募股权基金 CVC 收购了俏江南 82.7% 的股权，而张兰的股权也由 89.47% 变成 17.3%，成为一个小股东。

清算优先权实际上就是我们通常所说的优先股，是与管理层持有的普通股相区别的一种类别股份。企业出售、清算时，持有优先股的股东享有优先分配收益的权利，但是，持有优先股的股东没有企业经营权、表决权等。

在一般情况下，投资者投资企业都是以优先股的形式存在，企业上市，投资者持有的优先股可以转化为普通股。

明白了对赌协议的核心要求，那么企业管理层在与投资者签订对赌协议时，一定要十分谨慎，仔细研究条款。

融资者最大的思维误区就是认为自己融的钱多，同时公司估值给得高，就证明融资成功。要知道，高额的收益下面往往隐藏着巨大的风险，这个巨大的风险会让创始人万劫不复。有的投资者之所以能够以更高的股价给你资金，那是因为他们与融资方签订苛刻的对赌协议用来保障自己收益，而融资方却盲目自信。

所以，融资者在与投资者签订对赌协议时，要注意以下几点（见

图 9-3)。

图 9-3　融资者签订对赌协议的注意事项

如果作为融资方的经营管理者不确信能够实现对赌协议中商议的战略目标，同时对赌协议中的惩罚条款又过于苛刻，管理层还不如选择放弃此次融资，或者是要求投资者改写条款；另外可牺牲小部分眼前的利益，避免未来更大的风险。

融资者在与投资方签订对赌协议时，一定要回到企业基本面上来分析，从基本面出发，将慎重摆在第一位。

同时，融资方要认真分析企业的条件和需求。企业可以优先选择风险较低的借款方式筹集资金，在不得已的情况下才选择对赌协议方式进行股权融资。

第四部分

股权整合,创新商业模式

CHAPTER 10
第 10 章

中小企业如何做好股权众筹

⊙ **本章导读**

中国最成功股权众筹项目——Wi-Fi 万能钥匙

2015 年 5 月 29 日，Wi-Fi 万能钥匙在筹道股权众筹平台上线，项目上线不到一小时，浏览量即突破十万。2015 年 6 月 15 日，Wi-Fi 万能钥匙在两周的时间，以认购额超 77 亿元、超募 237 倍、认缴额 6500 万元的募资成绩刷新了三项"中国纪录"，这是迄今为止中国最大的股权众筹项目。

Wi-Fi 万能钥匙副总裁李磊在总结此次众筹成功的经验时提到："我们是一家典型的共享经济企业，投资人中 70% 都是支持我们的忠实用户，他们对产品的认同和理解甚至超过了一般专业投资机构。正因为如此，我们在短短几天内以近乎零的成本获得了 77 亿元的认购超募，以及 6500 万元的最终融资，这本身就是共享经济的巨大胜利。"

2014 年可以说是中国股权众筹的元年，大大小小的众筹平台如雨后春笋般发展，但是，对于参与众筹的项目方来说，成功者少，失败者多。而能够像 Wi-Fi 万能钥匙这样，实现融资上亿元的项目，更是寥寥无几。

但这并不是说，股权众筹没有希望，而是大有作为，尤其是对于中小民营企业来说，我们可以对原有的股权众筹方式进行创新，发展成更多适合自己的众筹方案，推动企业目标的实现。

第 10 章 中小企业如何做好股权众筹

10.1 股权众筹不拘泥于线上

到底什么是股权众筹

股权众筹是指公司出让一定比例的股份，面向普通投资者，投资者则通过投资入股公司，以获得未来收益。在其他的书籍和资料里，我们习惯于将股权众筹纳入互联网领域进行研究探讨，但笔者认为，股权众筹不仅仅局限于此，线下组织股权众筹招商活动的方式，已经被很多中小企业所采纳，并获得了不小的成功，而这种线下活动的方式，从一定程度上切合了当下中小企业发展的需求。

股权众筹的几种形式

一般来讲，股权众筹涉及四大主体，分别是：众筹平台方、投资方、融资方、托管平台方（见图 10-1）。

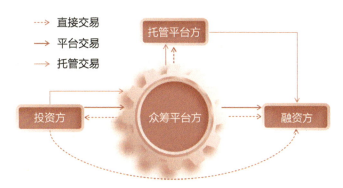

图 10-1　股权众筹涉及的四大主体

股权众筹平台既可以是线上的互联网平台，也可以是线下以活动组织为实施形式的企业平台。托管平台的存在形式主要是银行或者第三方信托机构。

从市场上存在的股权众筹形式来看，不少众筹平台扮演的是一种信息撮合的平台，也就是一个提供投资、融资信息交换的平台，投资者与融资者之间通过平台了解彼此，之后进行线下的沟通，然后双方直接进行交易，而众筹平台的收入来源主要来自会员注册的费用或者交易成功后的佣金提成。

与直接交易形式不同，资金进入到众筹平台后，再流入融资方，也就是说，投资方与融资方之间进行的是间接交易，那么，众筹平台方除了扮演信息交流的角色，还必须扮演好监管的角色，因为投资方根本不了解融资方，此时，众筹平台方必须对融资方进行更详细的尽职调查，保障投资方的利益。

平台交易仍然无法解决投资方对平台的信任问题，于是，引入第三方对资金进行托管便成为可能。第三方托管平台有良好的信用背书，在一定程度上解决投资者的信任问题，但是这种方式做到一定程度，又有点类似交易所的性质了，容易掉入到非法发行证券的陷阱中，所以，作为托管方一定要获取相应牌照，规避相应风险，在合理合法的范围内进行托管。

在这里，我们主要站在融资方的角度去思考，作为融资方，要想在股权众筹中获得想要的资金，除了自身项目要好外，一方面可以寻找合适的股权众筹平台，借助该平台进行股权融资；另一方面，也可以自己搭建平台，直接融资。

股权融资，本是一件成功概率极低的事情，不少中小企业为了获得发展资金，也在不断探索新的方式，由于以互联网为平台进行股权众筹成功的概率极低，所以更多中小企业反而寻求线下活动众筹，尤其是融资方和企业培训公司进行合作，探索出一条新的道路。

10.2 线下股权众筹方案设计

股权众筹方案设计的十定模型

以线下活动的方式实施股权众筹，在一定程度上，比以其他方式融资成功的概率高很多，同时，也能规避相应的法律风险，比如我们众筹的对象可以是特定对象，避免触碰《证券法》的一些规定。

同时，以线下活动的方式实施股权众筹，其复杂程度却要高很多。如果是自己独立开展会销活动，企业需要组织活动，以一定的形式招募投资者，而投资者的招募，对于未从事过投融资活动的企业来说，难度不小。

如果是借助他人的融资平台开展会销活动，那么除了项目本身要好外，演讲者的水平的高低在很大程度上决定了融资的成败。当然，企业也必须提前做好《商业计划书》，这也是关键。

企业开展股权众筹，必须提前设计好股权众筹的相应方案，我们将股权众筹方案拆分成十大步骤（见图10-2），逐步确定，确保方案更加系统、落地。

1. 定众筹目的

股权众筹最核心的目的就是解决企业发展资金不足的问题，当然，也有不少企业有其他的目的，比如吸引优秀人才加盟企业、整合资源、分担企业经营风险等（见图10-3）。

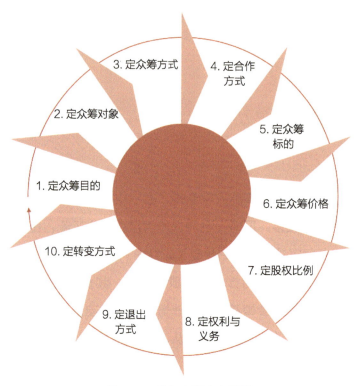

图 10-2 股权众筹十定模型

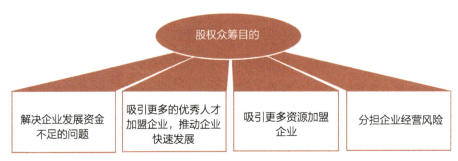

图 10-3 股权众筹的目的

2. 定众筹对象

企业在开展股权众筹前,必须想好股权众筹的对象,也就是说向谁要钱的问题。大部分众筹项目，更多的是向社会上具有一定闲散资金的普通投资者进行众筹；当然，也有不少的项目众筹对象是自己的经销商、合作伙伴、上游供应商、终端客户等。

【案例】

笔者曾经为一家做少儿舞蹈培训的机构做股权众筹方案，该机构股权众筹的对象就是自己的客户：学生家长。

让学生家长成为企业股权众筹的对象，第一，企业可以获得发展的资金；第二，拉动销售，因为学生家长成为机构的股东后，可能会介绍更多的学生过来参加机构的培训；第三，可以邀请具备经营管理能力的学生家长参与校区的经营管理，解决企业发展中人才不足的问题。因此，我们在设计股权众筹方案时，除了可以以资金入股加入众筹校区，学生家长还可以以人力资源投入入股，获得校区一定比例的股份。

在后期，我们发现不少学生家长曾经做过企业的老板，由于行业竞争激烈，现在退出来后，正在寻找新的项目，甚至还有之前的团队跟随。于是，我们邀请这些人一起参与校区的股权众筹，在总公司的管理下，一起参与新校区的建设。

经过一年的发展，该机构由之前原本五六家连锁的少儿舞蹈培训机构，成长为目前拥有30多家校区的连锁品牌机构，并且单位校区的入学率得到大幅度提升，平均入学率由之前的35%提升到目前的60%左右，带来销售额和利润大幅度增长。

3. 定众筹方式

股权众筹的方式有多种，除了借助互联网平台进行股权众筹外，我们还可以采用以下几种方式（见图10-4）。

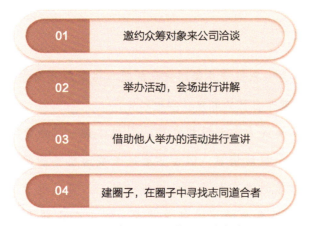

图 10-4　线下股权众筹的几种方式

线下的股权众筹往往更倾向于做圈子、建人脉，所以，企业要么搭建这样的圈子，要么进入别人的圈子。比如，我们可以进入投融资活动的圈子，可以进入总裁班课程的圈子，或者是各类企业家社团等。

4. 定合作方式

首先我们必须明白，股权众筹不一定都是筹集资金，我们也可以筹集人才，筹集资源，筹集客户等，因为合作的方式不一样，我们也可以重新定义我们的股东。

【案例】

笔者给少儿舞蹈培训机构做股权众筹时，就将众筹的股东进行分类，分别定义为投资性股东、事业性股东、战略性股东三种（见图10-5）。

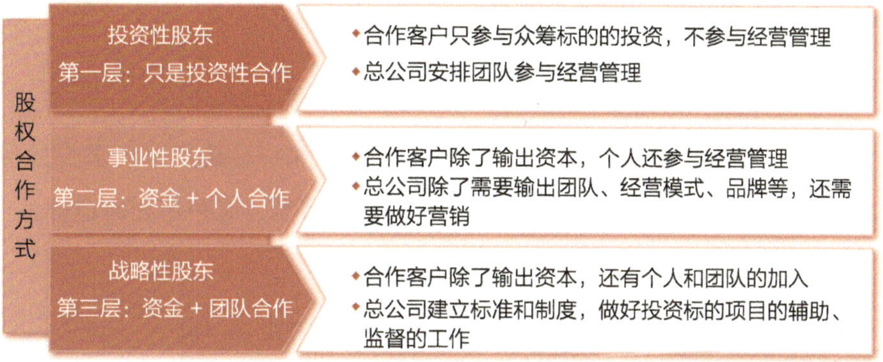

第 10 章 中小企业如何做好股权众筹

股权合作方式

- **投资性股东** 第一层：只是投资性合作
  - 合作客户只参与众筹标的的投资，不参与经营管理
  - 总公司安排团队参与经营管理
- **事业性股东** 第二层：资金 + 个人合作
  - 合作客户除了输出资本，个人还参与经营管理
  - 总公司除了需要输出团队、经营模式、品牌等，还需要做好营销
- **战略性股东** 第三层：资金 + 团队合作
  - 合作客户除了输出资本，还有个人和团队的加入
  - 总公司建立标准和制度，做好投资标的项目的辅助、监督的工作

图 10-5　股权合作的三种方式

5. 定众筹标的

不少企业利用股权众筹去开子公司、分店，那么股权众筹的标的可能就是子公司或分店，当然，也有不少公司将母公司或总公司设为众筹标的，进行股权融资。

众筹标的不同，会影响公司的股权结构，所以，企业必须提前设计好相应的股权结构，同时做好未来股权战略规划。

6. 定众筹价格

确定好众筹标的后，就需要对众筹标的进行估值。企业估值更多反映出来的是人的心理预期，只要是投融资双方认可的价格，那么这个估值就是合理的。前面我们已经讲过估值的方法，包括置产重置法、市盈率法、类比法、股利贴现模型、流量评估法等，这里不再赘述。

计算出标的项目的估值，我们就可以拟定标的项目股份数量，进而确定每股股价。比如，标的项目估值为 1000 万元，我们将标的项目拟定为 100 万股，这就意味着每股 10 元，后期有新的投资者加入，我们可以在此基础上做增发。

7. 定股权比例

股权比例的确定主要包括两方面的内容：第一，确定拿出多少股份进行股权众筹；第二，确定资金、资源、人力资源、客户等如何定价。

【案例】

我们将股权众筹标的企业的股份拟定为100万股，每股10元，那么我们决定增发50万股用来做股权众筹，投资者出资100万元，便可以获得10万股的股份。

假如投资者张三除了参与众筹标的的投资，还参与众筹标的项目的经营管理，那么他将不仅仅获得10万股的股份，而且还可以免费获得2万股的期股。

10万股的股份是已经注册了的实股，而2万股的期股，还需要考核，张三达到公司设定的考核标准，2万股的期股才可以转化为实股，进而注册为实股。

这种众筹方式在一定程度上帮助企业获得发展资金，而且还获得了发展所需要的人才。

8. 定权利与义务

股权众筹不仅仅只针对一个人，而是涉及多个股东，随着股东人数的增加，股东的管理将成为一个重大的问题。

所以，我们必须确定股东的相应权利和义务，规范对股东的管理。

公司章程、股东管理条例、股东合作协议等，都是可以用来规范对股东的管理。

股东的权利包括收益权、表决权、转让权、知情权等。企业可以在合理合法的框架下，对股东的相应权利进行明确。

不少企业在做股权众筹时失败，往往就是因为对股东的相应权利不够明确，比如在合同中写了：股东可以参与分红，股份也可以转让，然后就没有了。

在这里，企业必须明确怎么分红，怎么转让。比如，我们可以规定，公司每年拿出净利润的50%对全体股东进行分红，股东按照持股比例分取相应红利；股权转让时，股东必须告知其他股东，其他股东按照股权比例具有优先购买权，内部股东放弃优先购买权，股东可以将股份转让给第三方；股东将股份转让给第三方，必须获得其他合计占股达50%的股东的同意，等等。

股东的义务也必须明确，股东既然有知情权，能够参与公司查账的权利，那么股东就不能泄露公司信息；股东每年享受了公司收益，那么就不能参与同行业竞争，不得有损害公司的行为等。同时，我们还必须明确惩罚措施。

9. 定退出方式

投资者既要看到资金进入的通道，也必须看到退出的通道，提前与投资者约定好退出方式，这也是股权融资能否成功的关键。

所以，我们必须提前与投资者约定清楚退出的方式，主要包括内部回购、外部转让、股权置换、风险融资套现、二级市场套现（见图10-6）。

（1）内部回购。股东可以要求创始人股东回购自己的股份，但是一般来说，创始人股东没有回购股份的义务。

第四部分 股权整合，创新商业模式

图 10-6 股权众筹退出方式

（2）外部转让。股东可以将股份转让给第三方，但是必须提前告诉其他股东，其他股东具有优先购买权。同时，股东将股份转让给第三方，必须获得其他过半数股份股东的同意。

当然，这里的条款仅供参考，企业可以根据实际情况，在合理合法的范围内与股东约定。

（3）股权置换。一般拥有众多子公司或者门店的企业，如果投资人参股的标的是子公司或门店，我们可以允许投资人将股份与其他子公司或母公司进行置换，条件是置换的双方必须都同意。

（4）风险融资套现。风险投资机构投资总公司，我们可以允许众筹股东出售部分股份套现，这样，一方面公司拥有了充裕的现金流，回购部分股份可以保障控制权；另一方面，众筹股东获得了溢价的收益，可以为后来者树立标杆，让股东看到希望。

（5）二级市场套现。公司的股份能够进入到二级市场进行交易，便意味着公司已经上市或者间接上市，我们可以允许持有上市公司股份的股东，在法律的范围内自由套现交易。

10. 定转变方式

公司或股东的转变带来公司股权结构的变化，那么公司必须提前约定好这些变化带来的股东股权调整的方案，让大家都能明确。股东的转变方式如图10-7所示。

图10-7 股东的转变方式

（1）股东退出。一般来说，新加入的股东，不得随意退股，但是有股东要求强制性退出，我们可以约定以一定的折扣进行回购。比如，新加入的股东两年内不得随意退出，如果股东因为各方面原因要求强制性退出，公司可以以当初投资额的80%进行回购；两年之后，股东要求强制性退出，公司以投资额+年利率5%的价格进行回购。这实际上是一个兜底的计划，在一定程度上保障了投资者的利益。

（2）股东死亡。股东死亡，股份由亲属或指定对象继承，股东提出继承请求，其他股东予以审核，1个月之内给予回复，符合公司股东标准（不存在关联利益，无不良社会记录，不会给公司带来损失），方可继承。

在一般情况下，股东处于正常状态而提出继承请求的，公司不予准许，但收益权可以继承。

第四部分　股权整合，创新商业模式

（3）公司增资扩股。公司进行增资扩股，内部股东具有优先购买权。公司进行增资扩股，引入风险投资机构后，在资金充裕的情况下，股东提出回购请求，公司可以以当时评估的价格进行回购，前提是股东必须已经持股两年以上。

（4）公司并购重组。公司进行并购重组，股东股份依据并购方式进行调整；同样，在资金充裕的情况下，股东提出回购请求，公司可以以当时评估的价格进行回购，前提是股东必须已经持股两年以上。

（5）公司清算。在公司经营不善的情况下，合计持有超过2/3股份的股东提出清算请求，公司依照法定程序进行清算。公司清算，先偿付公司债务，剩余的资产先分配给持有优先股的股东，最后是普通股股东。

【案例】

2015年10月14日，股权众筹平台"天使客"发布消息，出境旅游服务公司"积木旅行"日前完成A轮融资，天使轮股权众筹投资人悉数退出，这是国内首个股权众筹全部退出案例。

2014年10月，"积木旅行"在天使客发起融资计划，拟出让25%的股权，融资350万元。以此计算，当时估值为1400万元。

2015年3月，41名股权众筹投资人资金全部到位。其中，现任深圳市德迅投资有限公司董事长的曾李青领投210万元；其余40人合计投资140万元，人均投资3.5万元。

2015年10月，"积木旅行"获得来自美国风投机构的A轮融资，41名天使轮股权众筹投资人全部退出。

据"天使客"透露，41名投资人获得5倍投资回报——以此计算，积木旅行A轮融资估值达到7000万元。

10.3　借助会议实施路演活动

《股权合作协议》的设计

股权众筹方式设计好后,企业可以开展股权众筹活动。企业开展股权众筹活动,首先必须设计好一个可以路演的《商业计划书》,前面我已经探讨过《商业计划书》,这里不再赘述;接着,企业必须根据自身的需要设计一个合理合法的《股权合作协议》。

《股权合作协议》主要包括9大模块(见图10-8),更多内容我们可以做增补。《股权合作协议》模板可以参考本书最后附件内容,这里不做详细阐述。

图 10-8　《股权合作协议》核心内容

1. 出资方式
2. 权益约定
3. 股东权利与义务
4. 违约责任
5. 退出方式
6. 股东增加与减少的处理方式
7. 公司结算与清算
8. 股东死亡与继承
9. 其他

除此之外,在需要的情况下,公司可以制作股权证书、股东管理条例,同时写好公司章程,对公司相关制度进行规范。

在项目路演现场,除了要有一个好的项目外,演讲者的水平、气氛的营造、工作人员的配合、参会人员的质量等,各方面因素都可能会左右路演的成败。

项目路演的内容设计

项目路演主要路演哪些内容?项目路演的核心内容如图 10-9 所示。

图 10-9　项目路演的核心内容

1. 项目的核心优势

不同项目具备不同的核心优势,有的项目偏重于产品,产品在技术上领先;有的项目商业模式很好,具备创新优势;有的项目在行业内非常具备发展前景……由于路演时间有限,项目方要根据自己的优势,突出展现自己的优点,吸引投资人的注意。

2. 项目成功样板

已经成功的样板也要突出展示,比如我们进行股权众筹开分店,在这之前项目方就需要突出打造几家样板分店,将样板分店的营业额、利润都做上去,同时样板店的形象、管理制度、人才培养也要做到位。在路演现场,项目方可以突出展示样板,展现形式可以不受限制,比如视频、照片、PPT 等。

如果我们还没有样板，最好做出一定的样板后再去做股权众筹，否则，没有样板，全靠一张嘴，投资者很难信服。

3. 投资回报测算

前面在做股权众筹方案时，需要提前做好测算，一方面包括项目投资回报的测算，另一方面包括众筹股东回报的测算。如果我们测算后，发现项目怎么做都没有利润或者利润很低，那么这个项目一定是失败的；如果我们发现众筹股东投资回报周期太长，那么我们也很难吸引投资者进入。

4. 客户见证反馈

客户见证主要包括两大部分：一部分是我们产品或服务的客户见证反馈；另一部分是我们之前做股权众筹时，股东的客户见证反馈。我们在收集客户见证时，最好以视频或图片的形式展现出来，以让投资者信服。

5. 风险把控

项目方可以在最后指出项目可能存在的风险，同时提出自己的应对方案，以消除投资者的疑虑。

为了消除投资者的顾虑，我们也可以与投资者进行对赌，推行兜底计划，保障投资者的利益。

最后，我们可以带有意向的投资者来企业进行实地考察，建立信任关系，消除投资者的顾虑。同时，准备好我们的营业执照、产权证书、专利证书、相关协议合同等的复印件，方便投资者调查，推动合作的顺利达成。

股权众筹法律风险防范

企业进行股权众筹，很容易陷入违法的陷阱中。所以，企业必须认识可能存在的法律风险，采取相应的措施进行规避。

1. 非法证券类犯罪

根据 2010 年 11 月通过的《最高人民法院关于审理非法集资刑事案件具体应用法律若干问题的解释》第一条的规定，违反国家金融管理法律规定，向社会公众（包括单位和个人）吸收资金的行为，同时具备下列四个条件的，除《刑法》另有规定的以外，应当认定为《刑法》第一百七十六条规定的"非法吸收公众存款或者变相吸收公众存款"：

（1）未经有关部门依法批准或者借用合法经营的形式吸收资金；

（2）通过媒体、推介会、传单、手机短信等途径向社会公开宣传；

（3）承诺在一定期限内以货币、实物、股权等方式还本付息或者给付回报；

（4）向社会公众即社会不特定对象吸收资金。

此类违法属于非法证券类犯罪，归属公检法受理管辖。

应对措施：

（1）股权众筹尽量选择线下建立圈子和人脉，之后选择有意向一起合伙的人，一起共同创业；

（2）在宣传上，不以众筹或参股等名义开展活动，而以建立社群，开展同行交流会、资源对接活动、总裁班课程、投融资活动等其他形式开展工作，建立圈子，之后再筛选志同道合者。

（3）项目开展股权众筹的人数不要太多，有意向加入成为股东的人，要做好详细的备案和登记。

2. 非法证券行政违法行为

我国《证券法》第十条规定，公开发行证券，必须符合法律、行政法规规定的条件，并依法报经国务院证券监督管理机构或者国务院授权的部门核准；未经依法核准，任何单位和个人不得公开发行证券。

有下列情形之一的，为公开发行：

（1）向不特定对象发行证券的；

（2）向特定对象发行证券累计超过200人的；

（3）法律、行政法规规定的其他发行行为。

此类违法属非法证券行政违法行为，归属证券监管机构受理管辖。

应对措施：

（1）选择不公开发行，只限于公司的注册会员；

（2）向不超过200名特定对象发行，或者采取措施进行规避；

（3）以有限合伙形式进入，设置伞形（FOF）众筹结构，可以突破200人的限制，或者设立子公司，以子公司为标的进行股权众筹。

CHAPTER 11
第 11 章

如何用股权整合我们的客户

⊙ 本章导言

泸州老窖股票期权——激活经销商

泸州老窖为什么成功？一个是品牌，一个是股权。泸州老窖做过两次股权激励。第一次股权激励，激励的是全国经销商。当年泸州老窖股价只有 5.8 元/股，这个时候刚刚推出国窖 1573。泸州老窖有两种股权激励模式，一是给买股票，一个是给期权。经销商花钱买股有风险，第一，占用资金；第二，股价可能下跌。如果按照 5.8 元/股买股份，股票涨到 10 元/股，经销商就赚了，但如果业绩没有做好，跌到了 3 元/股，那么经销商就得赔。

所以泸州老窖选择用期权激励经销商。经销商锁定 5.8 元/股的认购价，将来涨到 10 元/股时，就可以按 5.8 元/股去认购，经销商不占用资金，看到 10 元再掏 5.8 元，稳赚不赔。所以期权的最大好处，是他们看到结果之后再投资，让经销商实实在在看到了好处。

股份价格原来是 5.8 元/股，现在变成 10 元/股，是谁给的？第一是产品市场给的，市场靠业绩，业绩靠经销商。第二是股票市场给的溢价增值。这样产品市场和资本市场是互动的，经销商卖泸州老窖的产品，不仅可以获得产品利润的回报，还可以赚到股价的上涨回报。因此，他们越干越疯狂，最后，很多经销商靠当年泸州老窖的期权和后来的定向增发股份赚了很多钱。

这两年，泸州老窖的股价从 5.8 元/股涨到 78 元/股，一份期权就可以赚到 70 元，而且没风险，这就是当时的期权经营把经销商激活了。泸州老窖给员工股份激励的时候，期权价已经很高了，这个期权价是 12.78 元/股，市场拉动是第一位的。所以，泸州老窖通过股权激励激活内部员工和经销商，效果好！

股权不仅可以用来激励我们的员工，用来融资、吸引人才，还可以用来激励我们的经销商、分销商、终端门店、上游供应商以及终端客户，实现资源整合、合作共赢的目标。

11.1 用股权众筹整合经销商

厂家与经销商"纠缠不清"

厂商与经销商的关系一直是一对欢喜冤家，厂家需要经销商去铺货做动销，经销商需要厂家的供货和服务支持，双方互相依存，谁也离不开谁（见图 11-1）。

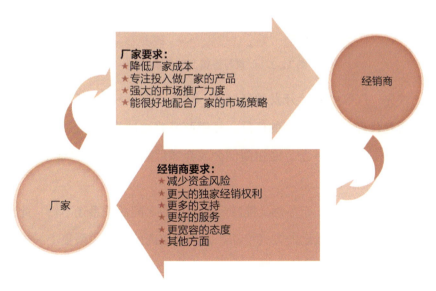

图 11-1　厂家和经销商对彼此的需求

厂商与经销商之间，既存在共同的利益，又有许多相悖的需求，厂商之间的合作往往避免不了各种矛盾与纠纷。

借用股权激活经销商

厂家为了更好地销售产品，需要紧密拉近厂家与经销商之间的关系（见图 11-2）。因此，借用股权合作的方式，在一定程度上能够很好地激活经销商。

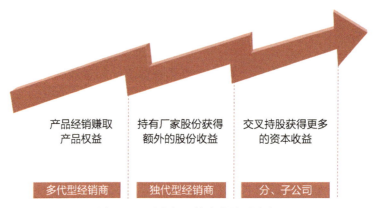

图 11-2　厂家与经销商的关系演变

首先，厂家刚开始开发的经销商，往往并不是只代理厂家一家的产品，而是代理了多家厂家的产品。经销商带着试试看的心态在销售厂家的产品，一旦没有收益，经销商便会放弃该厂家，从而选择能够给他带来更高收益的厂家。

经销商代理厂家产品确实能赚到钱，厂商之间的关系还不错，此时，厂家可以借用股权激励的方式推动厂家与经销商的合作关系更上一层楼，将经销商变成厂家的独家代理。

对于厂家来讲，那些优质的经销商往往是厂家的核心命脉，关系到厂家的生死存亡，所以，如何更好地掌控核心经销商，成为厂家非常关心的问题。厂家应通过交叉持股的方式，将经销商变成厂家的分公司或子公司，彼此捆绑发展，共同受益。同时，捆绑发展后的企业，整体竞争力大大提升,这在一定程度上提升了企业融资或溢价的水平,因而能从资本市场获得更大的收益。

经销商股权激励方案设计

明白厂家对经商管控的基本思路后,那么我们可以着重探讨厂家是如何实施股权激励方案的(见图11-3)。

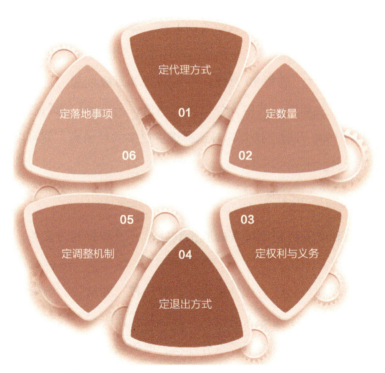

图11-3 厂家对经销商实施股权激励方案的流程

1. 定代理方式

首先,厂家必须明确股权激励的方案,一般来说,产品进货+股权赠送的方式往往成为很多厂家的实施方案,因为直接让经销商花钱买股,往往比较困难，经销商对厂家的信任度还未能达到理想的程度。当然，也有不少厂家直接卖给经销商股份，那是因为厂家股份价值已经非常明显，或者是厂家的股份已经获得资本市场的认可。

股权赠送不是直接把公司实股给到经销商，而是采用股权激励的方式，使用最多的是分红股、期股或期权。

2. 定数量

如果选择产品进货＋期股赠送的方式，那么，我们就要确定，进多少货才能有多少的期股。比如，我们设计了3个档：进货50万元，可以获得12万股期股；进货30万元，可以获得7万股期股；进货10万元，可以获得2万股期股。其中，公司进行估值，当期股价为每股3元，公司总股数为1000万股。这意味着选择进货更多的经销商，便可以获得更多的股份收益。

3. 定权利与义务

厂家需要明确经销商持有的股份到底享有哪些权利与义务，这需要在合同和章程中体现。

股东的权利包括收益权、表决权、转让权、知情权、继承权、监督权等，我们可以赋予新进入的股东部分权利，而将部分权利交给公司内部管理层。比如，我只给予股东分红权、增值收益权，而将表决权交给创始人持有，这实际上意味着股东持有的是虚拟股份，此种股份不会在工商局变更注册。

既然股东享受了相应的权利，就必须承担相应的义务。比如，经销商冲货、砸价是令厂商非常头痛的问题，那么厂家就可以将这样的约束性条款写入股东的义务当中，这在一定程度上约束了股东的不良行为。

4. 定退出方式

如果我们授予经销商的只是分红股，那么经销商停止进货、销售本公司产品，便意味着经销商自动放弃本公司分红的权利。

如果是赠予的期股或期权，在股东持有的期股或期权还没全部转化为实股时，股东选择退出，那么公司将以1元的金额收购股东全部股份；如果已经全部转化为实股，股东退出，公司可以评估股价，分期回购。当然，这里面必须要有相应的约束条件，比如不得开展与本公司具有竞争关系的业务，否则，公司以1元金额回购股东持有的全部股份。

5. 定调整机制

调整机制主要指两方面，一个是股东增加、减少，公司融资、变更、并购、清算等情况下的股东股权调整方式，这里可以参考以上股权众筹方案内容进行调整；另一个是指股权方案不适应发展需要时的优化、调整。

针对经销商设计的股权激励方案不是一成不变的，企业需要根据公司战略发展的需要不断优化完善。企业在开展股权众筹方案落地前，先培养几个经销商样板股东，一方面可以找到我们方案的不足之处，及时进行修正；另一方面，有样板在，更有说服力，能够激励更多经销商加入。

6. 定落地事项

方案制作好后，关键在于落地。那么针对经销商的股权激励方案如何落地？以经销商大会、进货会、经销商培训会或是年会的名义邀请经销商，然后在关键时刻对公司股权激励方案进行宣讲，是不少企业采用的一种有效的方式。

当然，也有不少企业直接邀请当地区域经销商参加公司在当地组织的经销商大会，宣讲公司股权激励方案，邀请大家加入，然后在全国各地巡回演讲，迅速增强公司的影响力和号召力。

【案例】

H公司是一家做智能家具的公司，公司产品主要销往广东这样一个区域性市场，而其他市场做得比较零散。为了拓展全国市场，加快发展步伐，公司提出了全国经销代理+股权激励的方案，推动公司快速发展。

首先，公司以各个省为单位，在当地省会城市召开家具行业发展趋势大会，邀请当地的经销商参加，这些经销商既有合作过的客户，也有未曾合作过的客户。凡是前来参会的经销商，即使没有合作，公司也会准备一份精美的礼物（智能灯）+100元红包作为答谢。

公司邀请来会场的经销商，大部分是家具行业的代理商，还有少部分创业者。

在会上，公司邀请行业内的名师针对经销商比较关心的问题进行深度演讲，比如销售技巧、门店管理、行业趋势、经营思维等。讲师会逐步引导经销商关注到本公司代理模式+股权激励方案上来，然后将公司项目优势、发展方向、合作方式、客户见证、收益测算等一一展现给大家，推动现场合作意向的产生。

凡是现场合作成为代理商并且成为公司股东的客户，公司会提供最大限度的支持，比如营销支持、培训支持、进货最低折扣支持、分红支持等。

公司每次组织经销商大会，都能现场成交上百万元，同时，获得上十个在当地非常具有影响力的经销商股东，同时扩大了自己的品牌宣传力度，为快速拓展全国市场奠定了基础。

11.2 让消费者成为我们的股东

借助消费型股权锁定客户

公司借用股权进行模式创新，往往不拘泥于激励、融资，以股权为利益引导，拉动销售也是一个非常好的方式。因此，我们将这种方式命名为消费性股权。

所谓消费性股权，顾名思义，就是让客户消费产品或服务，同时又获得公司股权，享受收益，也就是说这种消费带有一定投资性质。

【案例】

美容、美发行业有一个现象，那就是其中的企业都喜欢让客户办会员卡，然后过来消费。

有这样一家美容院，虽然也给客户办会员卡，但是却有一些与众不同的地方。

该美容院做得比较高端，客户来店消费，员工会引导客户办卡，分别是10万元的黄金卡、20万元的白金卡以及50万元的钻石卡。办理黄金卡的会员可以获得门店10万股的分红股，每年参与门店的利润分红；办理白金卡的会员可以获得20万股的分红股，同样每年可以参与分红。但是此种分红股有一定的限制条件，那就是会员必须每年消费初期办卡金额的50%，比如办了黄金卡，每年必须消费5万元，不足时，需要继续续费，如果没有达到这样的消费标准，当年的分红取消。

办理钻石卡的会员则可以获得门店50万股的普通股，不仅可以每年参与分红，也可以参与门店经营决策，还可以对股份进行转让，当然前提是要有愿意接受的人并获得总部同意。

每个门店，钻石卡会员人数有限制，最多 5 人。其他会员卡人数不受限。

成为门店的会员，便意味着成为公司会员，消费者可以在公司其他连锁门店消费，但只以开卡所在门店的利润进行分红，门店年底核算利润，拿出 70% 的利润分配给所有门店股东，30% 留存在门店作为发展资金。总部作为各个门店的股东，每年也享受相应分红。

初期，公司将门店股份设定为 1000 万股，其中，80% 的股份归属总公司，20% 的股份授予门店的核心管理层。消费者办卡，增加新股东，在此基础上进行增发，其他人的股份被同比例稀释。

门店管理层不仅可以通过股份分红，还可以获得业绩提成，基层员工仅有底薪和业绩提成，但是在绩效考核中表现良好，可以获得晋升，成为管理者，同时获得相应的股份。

门店店长还可以培养储备店长，储备店长达到总部考核标准，会被调任到新开的门店当店长，此时，原有门店的店长可以获得培养的店长所在门店的 5 万股的分红股，每年参与所在门店的分红，前提条件是双方都必须在公司工作，一方离职，便意味着店长自动放弃该店的分红权利。

该公司通过设计相应机制，不仅激活了内部员工，还激活了客户，同时为公司带来大笔的现金流，为迅速拓展全国市场，开更多的连锁门店提供了资金和人才保障。

美容行业是一个消费频次比较高的行业，单位消费金额往往并不高，我们以会员卡的形式首先提前锁定客户，然后在后期持续服务，从而将一个个小的消费项目变成了一个大的消费项目，然后运用股权锁定客户。

用股权创新商业模式

同样,我们也可以将一些大的项目进行分拆后,卖给消费者,设计出一套以股权为核心工具的商业模式。

【案例】

购买高档游艇,来一场说走就走的旅行,这一直是富人的游戏,但是有这样一家游艇销售公司,却把高档游艇卖给了普通工薪阶层。

张总经营一家高档游艇销售公司,他所销售的游艇最低价格都在500万元以上,这也就是说,资产达不到上亿的人,很难来购买他的游艇。

毕竟富人在这个社会中是少数人群,所以,王总的游艇一年也卖不了几艘。

为了扩大销售额,张总在咨询师的指点下,想出来了一个新的思路,那就是把游艇卖给普通中产阶层。

按道理讲,普通中产阶层是买不起一艘游艇了,即使买得起,也不会购买,因为花费他们大部分资产去购买一个没有多大实用价值的东西,对他们意义不大,还不如租借游艇出游。

基于此,张总将每一艘游艇设计为一个项目公司,然后将项目公司的股份进行切分,由卖游艇变成卖股份。

比如,500万元的游艇,可以被设计成一个估值500万元的项目公司,然后将该游艇资产装入项目公司。拟定该项目公司股份为500万股,也就是说项目公司股份1元/股,投资者最低购买股份数为20万股,最高限额为100万股。

投资者购买股份,便意味着成为公司股东,是该游艇的所有者,每年可以享受一定时间的免费使用的权利。剩余的时间，交由总公司打理，总公司负责游艇的租赁业务，租赁的收入，总公司提取一定的分成后，全部分配给股东。

股东提出退股请求时，公司没有回购股东股份的义务，但必须帮助股东转授给第三方。项目公司合计 50% 以上股份的股东提出出售游艇，解散项目时，总公司负责将游艇进行出售，出售所得按照股权比例发放给股东。

总公司进行股权融资，或者项目并购、重组、上市等重大活动，项目公司股东可以提出股权置换请求，总公司将项目公司股份按照等价交换的原则置换到总部。置换后，股东可以享受总公司发展带来的更大收益，甚至实现自己的财富梦想。

大项目分拆，小项目重组，然后借用股权工具去整合客户，使得客户既是公司的消费者，又是公司股东，这在一定呈上增强了客户黏性，激励更多新的客户加入，同时帮助企业获得了发展所需要的资金和资源，推动公司快速发展。

11.3　股权并购，整合竞争者

并购整合是一套思维体系

对于中小企业家来说，并购整合应该是大型企业或者上市公司做的事情。但是，笔者认为很多中小企业往往更应该学会做并购与整合，尤其是要具备并购整合的思维。

一家中小企业的资金、资源往往都不够，所以根本不会想到去并购别人。我们不妨先换一种思维，没有资金并购别人，我们可以选择和我们实力差不多甚至更弱的同行业者，进行强强联合，到一定程度之后，再去并购同行业竞争者。

所以，并购整合不一定是大企业的"专利"，中小企业也可以玩得转，最核心的东西是企业要有一套成功的体系，能够在别的企业快速复制，推动企业快速发展。

用并购整合实现快速裂变

【案例】

少儿英语培训机构在很多小区往往非常常见，今天你在小区开了一家培训机构，没过几天，可能又有一家机构开在了附近，竞争非常激烈。

笔者曾经接触过这样一家企业，该企业的老板范总在行业经营了五六年，开了六个校区，但始终做不大。每个校区的招生压力都很大。开始几年，英语培训还是挺不错的，招生容易，公司利润也很可观；到现在，行业竞争越来越激烈，自己新开校区，没过几天周边就有竞争者了，并且行业之间价格战不断，导致每个校区都很艰难，利润微薄。

基于此，笔者给范总提出建议，公司先以合并吸收的方式整合自己的直接竞争者，之后以股权融资+并购整合的方式推动企业快速发展。

范总是一个有格局的人，也是一个雷厉风行的人，说干就干。

首先，范总找到离自己所开设的校区最近的存在竞争关系的校区老板，和他们谈捆绑发展的事情，起初，谈判并不顺利。

范总提出与竞争校区交叉换股，捆绑发展，但是竞争校区的品牌必须使用本公司的。

竞争校区虽然实力比较弱，谈不上什么连锁，但是老板都希望做大自己的事业，不愿意更换品牌，总认为牌子都换别人的了，就真的成了给别打工的了。

为此，笔者给范总建议，我们在与同行交叉换股的同时，额外赠送总公司一定数量的股份给校区老板，但是该校区必须使用总公司统一的品牌，并且总公司组建一批营销队伍，帮助该校区招生，还要和竞争校区老板对赌，如果当年招生率不能提升10%，公司持有的竞争校区的股份，当年不参与分红。这在一定程度上消除了该校区老板的顾虑。

经过好几轮谈判，总算有几家校区愿意和总公司控股的校区进行交叉换股。

之后，总公司强化了营销队伍的建设，开始在校区所在的小区开展各类少儿活动，吸引孩子和家长过来，然后做引导。这在一定程度上提升了校区的入学率，也顺利完成当期对赌的目标。

对于竞争校区的老板来说，虽然不再使用之前的品牌，但是解决了自己比较头痛的问题，那就是学生生源大大增多，还有竞争校区老板仍然是该校区的大股东，同时又获得了总公司部分股份，每年也可以享受分红，这样比以前轻松很多了，收益也提升了很多。

总公司一下子拓展了好几个成熟的校区，规模效应开始显现，因此收益得到提升。同时，之前校区数不多，导致公司几乎没有营销队伍，而是偶尔雇几个兼职人员去小区发一下传单，老师没事的时候也需要去派单，基本上是在校区等着学生和家长来，做的是坐商的生意，非常被动。校区多了后，公司开始强化营销，在总部组建营销队伍，对各个校区采取集中定点招生，同时在校区经常开展各类少儿活动，吸引学生和家长进来，因而带来升学率的大幅度提升。

更重要的是之前那种价格战的格局被打破了，定价权掌握在了总公司的手中。

经过一轮吸收合并，当地校区都使用了公司统一管理的品牌、LOGO，使得公司区域影响力得到大幅度提升，学生家长信任感大大增强。那些在当地不愿意合作的校区，发现自己经营越来越难，最后不得已将校区转让给范总的公司。

校区达到30家后，公司进行了首轮融资，增发25%的股份给投资者，获得1000万元的发展资金，这为拓展全国市场提供了充足的条件。

于是，公司开始启动第二轮的并购整合计划，迅速拓展全国市场，将那些教学条件还不错的单体校区或者只有几家连锁的校区，迅速收入囊中，或者参股，一起发展，或者全资收购。

并购整合来的校区，公司主抓三大事项：第一是招生；第二是财务管理；第三是教师队伍和服务水平建设。因此，总部发挥了人才培养、资源整合的重要功能。

经过两年的发展，范总的公司已经由当初只有6个校区的少儿英语培训机构，发展成目前的拥有86家少儿课外辅导+少儿艺术培训的连锁品牌机构，并且还获得B轮融资，估值达到5亿元。

对于不少企业，去并购他人往往并不难，难的是并购后如何整合。如何实现1+1>2的效果，这才是难点。

上述案例中的范总抓住了少儿英语培训机构的几大关键点，那就是招生、师资管理和学生服务，同时在并购后对财务进行统一管理，因此能够有效保障并购的顺畅。

经常并购整合从而实现快速发展的企业，需要有一套完善的标准化管理体系，包括并购标的的选择标准、并购整合流程、并购后的管理制度、人才培养、激励机制建设等。

只有实现标准化，才能实现规模化，进而将公司打造成一个更加值钱的企业，获得更大的发展空间。

PART 5

第五部分

咨询辅导，设计落地方案

范例一

川菜馆的分红股激励

⊙ 背景

天天美食城（化名）是一家开在西安市区的川味餐厅，该餐厅的香辣大虾是招牌菜，很受当地居民的欢迎，因此，美食城聚集了不少的人气。

美食城的老板吴总是四川人，十几岁就开始拜师，学习厨艺。2010 年，来到西安发展，在当地一家餐馆当厨师，三年后，自己出来单干，创立了天天美食城。

一次偶然的机会，在朋友的引荐下，笔者结识了吴总。相互了解后，吴总给笔者讲述了他开餐厅的感受。

吴总不到 25 岁的年纪，就当上了这家美食城的老板，并在西安买车买房，这着实令不少人羡慕，但是光鲜的背后，也隐藏了他的辛酸与无奈。

吴总没读过什么书，初中辍学后就出来学手艺。尽管厨艺一流，但是吴总对餐厅经营管理认识不足，这也导致天天美食城的管理问题很多。

餐厅员工流动频繁，尤其是厨师，离职成了家常便饭；餐厅员工积极性不强，服务工作缺乏热情；从财务角度看，尽管营业收入还不错，但是餐厅成本很高，导致利润很低；吴总很忙，需要经常盯着员工。

在吴总的盛情邀请下，笔者前往天天美食城做调查，开启股权激励咨询辅导的工作。

第一阶段：调研分析

笔者对该餐厅进行调研，主要从以下十大维度入手（见图 1）。

1. 餐厅规模

天天美食城位于西安市内较繁华的地段，周边人流量比较大，用餐需求比较旺,因此,周围餐厅也比较多。餐厅占地面积有300平方米,分两层,楼上是包间和雅座,楼下是雅座、厨房、收银台和一个小仓库。

图1 美食城咨询辅导调研内容

2. 餐厅服务

餐厅菜品丰富,包含有20多道菜,其中主打招牌菜:香辣大虾、水煮鱼、干锅田鸡。招牌菜也是利润最高的菜。

餐厅服务质量一般,服务人员工作散漫,客户投诉比较多。

3. 组织结构

天天美食城目前共有员工23人,其中老板吴总既是美食城的店长,又是主厨。美食城人员身兼数职的现象比较常见,尤其是在用餐高峰期。而在用餐低峰期时,人员显得有些多余。天天美食城组织结构如图2所示。

4. 薪酬与考核

据了解,天天美食城员工的平均薪资在3000元/月左右,整体偏低,餐馆没有任何绩效考核制度,而仅仅靠老板吴总在年底,凭借感觉给每个人包一个大小不等的红包作为奖励。餐厅实行固定工资+年底奖金的薪酬制度，由于店长就是老板，所以店长没有设计薪资。具体薪资如表1所示。

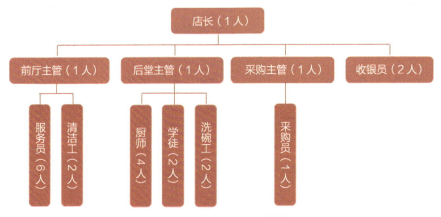

图 2　天天美食城组织结构

表 1　天天美食城薪资

岗位	工资（元/月）
前厅主管	4 000
服务员	2 500
清洁工	2 500
后堂主管	4 500
厨师	3 500
学徒	2 500
洗碗工	2 500
采购主管	3 500
采购员	2 500
收银员	2 500

5. 文化激励

由于员工离职频繁，同时老板每天在场严格监督，公司几乎没有文化活动，也没有人去组织业余活动，员工之间关系很一般，缺乏情感连接。

6. 财务状况

根据 2015 年的财务收支数据，我们统计了月度平均收支状况，如表 2 所示。

表 2 天天美食城月度平均收支状况　　（单位：万元）

营业收入	20
工资支出	6.4
食材	5.4
房租+水电	3.2
其他	2.4
净利润	2.6

依据上述数据统计，我们在没有扣除店长工资成本的情况下，算出天天美食城的利润率只有 13%，远远不及同行业的平均水平。

7. 老板风格

结合好几次与吴总的沟通与交流，以及从员工那里得来的反馈，总体来看，吴总是一个勤奋踏实的人，并且有远大的梦想，敢想敢干，有胸怀和格局，但是不知道如何去做。

8. 员工状态

员工工作没有积极性，老板在的时候，做事比较积极；老板不在的时候，员工比较懒散。

通过对员工的走访调查笔者发现，员工对餐厅和老板的认可度不高，认为薪资太低，没有发展前途。

9. 竞争者分析

周边附近餐厅虽然规模小一些，但是整体利润率达到 25% 左右。

最近半年，天天美食城员工流动频繁，导致产品和服务质量下降，客户有一定程度的流失，而流失的客户基本上是去了周边餐厅消费。

10. 其他

天天美食城缺少主动出击的营销思维，在客户比较少的时间段，大家宁愿在店里清洗餐桌、拖地板，或者玩玩手机，也不愿意去周边派发传单做宣传。

天天美食城已经通过微信支付将客户导入公众平台了，但是工作平台也没有得到很好的维护。

同时，大部分时间，餐馆工作人员显得有些多余。餐厅没有建立任何标准化管理措施，更没有相应标准。

吴总有心开连锁店，将该门店交给下面的人去管理，但是无法抽身，找不到合适的管理人员。

第二阶段：方案探讨

通过第一阶段的调研工作，我们对天天美食城的经营问题做了汇总，并提出相应的改进建议（见表3）。

表3 美食城的问题总结及改进建议

序号	问题	改进建议
1	员工没有动力，工作没有热情	实施分红股激励，将门店的收益与员工利益挂钩
2	员工工作不饱和，尸位素餐现象严重	提升人员效率，建立考核标准，让付出多者多得，付出少者少得
3	职责不清，工作互相推诿	以人定岗，以岗定考核机制，逐步完善规章制度
4	缺乏文化激励	建立早会和晚会机制，早会激励团队，晚会对工作做总结，提出改进措施，闲暇时多组织团体活动，增强凝聚力
5	利润率低，营业额有待提升	建立相应考核指标，降低成本，加强员工营销意识，提升销售额
6	没有晋升机制	建立晋升机制和通道，同时培养店长，让吴总从日常工作中解放出来

通过与吴总的深入探讨后，笔者提出如下建议并获得吴总采纳：

（1）导入分红股激励方案；

（2）规范每个人的岗位职责，建立考核标准；

（3）建立晋升机制，实施人才培养计划；

（4）建立店面流程，管理标准化；

（5）对人员进行精简，培养精兵强将。

预计输出方案包括： 绩效管理制度、分红股激励方案、分红股收益测算表、晋升机制、标准化建设规范。

在获得吴总的认可后，我们开始对方案进行细化，进入方案制作阶段。

第三阶段：方案制作

由于美食城员工流动频繁，因此我们在实施在职分红股激励方案时，不以年为单位计算，而以季度为单位计算，也就是说分红周期为三个月，增强激励效果。

分红股激励方案包括以下 10 个设计要点（见图 3）。

1. 明确在职分红股激励方案的目的

此次分红股激励方案的主要目的是：

（1）提升员工的工作积极性和主观能动性，激发员工动力；

（2）吸引并留住优秀员工；

（3）让员工与美食城的目标相一致，快速提升门店的业绩；

（4）培养管理人才。

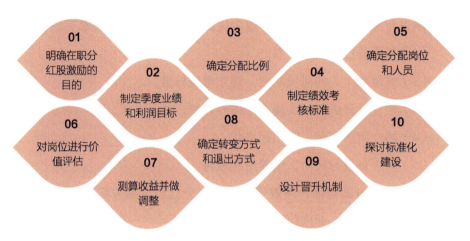

图 3　天天美食城分红股激励方案的设计要点

2. 制定季度业绩和利润目标

笔者开展天天美食城的咨询辅导时间是 3 月初，因此，初步确定方案实施的时间在 4 月 1 日。在与美食城的几位核心管理人员探讨后，我们设定如下目标（见表 4）。

表 4　天天美食城季度业绩目标　（单位：万元）

时间	业绩目标	利润目标
2015.4.1～2015.7.1	70	10
2015.7.1～2015.10.1	75	11
2015.10.1～2016.1.1	76	12
2016.1.1～2016.4.1	80	13

3. 确定分配比例

公司实行在职分红＋超额利润激励，每季度从总利润中拿出 10%，对全体员工进行分红股激励。具体到每个人的分配比例，我们以岗位价值和绩效考核标准的数字作为参考。

我们拿出超额利润的 40% 对全体员工进行分配，具体比例如表 5 所示。

表 5　天天美食城超额利润激励比例设计

完成比例	100%<X≤25%	125%<X≤150%	150% 以上
超额分红比例	40%	50%	60%

同样，具体到每个人的分配比例，我们以岗位价值和绩效考核标准的数字作为参考。

分红金额分别在 8 月、11 月、2 月、5 月发放给员工。其间因个人原因离开公司者，原则上视为自动放弃之后的和未发放的所有分红。

4. 制定绩效考核标准

我们对每个员工以月为单位进行绩效考核，制定如下绩效考核标准（见表 6）。

表 6　美食城绩效考核指标

序号	岗位	最高分：40 分	最高分：40 分	最高分：20 分
1	店长	营业额达标	利润达标	直接上级评分
2	前厅主管	营业额达标	客户对服务投诉一次扣 5 分	
3	后堂主管	营业额达标	客户对服务投诉一次扣 5 分	
4	服务员	前厅领班评分	客户每投诉一次扣 10 分	
5	收银员	营业额达标	前厅领班评分	
6	厨师	客户对菜品投诉一次扣 5 分	出菜不及时一次扣 5 分	
7	学徒	师傅评分	后堂主管评分	
8	采购	厨师评价菜品质量给分	设定成本目标，超过 1%，扣 5 分	
9	清洁工	无	客户对服务投诉一次扣 5 分	
10	洗碗工	无	无	

5. 确定分配岗位和人员

在实施股权激励之前，我们对岗位进行精简，将原来 23 人缩编到 18 人，同时对 18 人实施分红股激励。这 18 人分别是：店长 1 人、前厅主管 1 人、服务员 5 人、清洁工 1 人、后堂主管 1 人、厨师 4 人、学徒 1 人、洗碗工 2 人、采购主管 1 人、收银员 1 人。

6. 对岗位进行价值评估

对员工进行岗位价值评估，我们可以从 5 个维度进行评价，分别是专业、管理、销售、责任、应变，并分别给予相应分值（见表 7）。

表 7 岗位价值评估表

人数	岗位	专业	管理	销售	责任	应变	总分
1人	店长	8	8	8	9	8	41
1人	前厅主管	7	7	8	8	8	38
1人	后堂主管	7	7	6	9	8	37
5人	服务员	6	4	8	7	6	155
1人	收银员	6	4	6	9	5	30
4人	厨师	8	5	5	8	5	124
1人	学徒	6	4	4	8	5	27
1人	采购主管	8	5	4	9	6	32
1人	清洁工	4	4	4	7	4	23
2人	洗碗工	4	4	4	7	4	46
总分合计							553

我们将门店股份模拟成 1 万股，那么，依据表 7，我们就可以计算出每个人股份数量（见表 8）。

算出每个岗位员工应得分红股数量后，我们需要依据绩效考核实际分值对应得分红股数量进行调整，从而算出每个人的实际分红股数量，进而算出每个人实际分红金额（见表 9）。

表8　员工应得分红股数量

岗位	股份占比（%）	股份数量（股）
店长	7.41	741
前厅主管	6.87	687
后堂主管	6.69	669
服务员	5.61	561
收银员	5.42	542
厨师	5.61	561
学徒	4.88	488
采购主管	5.79	579
清洁工	4.16	416
洗碗工	4.16	416

表9　绩效考核后股份调整公式

绩效考核分数（x）	员工实得分红股数量（y）
$x \geqslant 95$	$y =$ 应得股份数量 $\times 1.1$
$90 \leqslant x < 95$	$y =$ 应得股份数量 $\times 1$
$85 \leqslant x < 90$	$y =$ 应得股份数量 $\times 0.9$
$80 \leqslant x < 85$	$y =$ 应得股份数量 $\times 0.8$
$75 \leqslant x < 80$	$y =$ 应得股份数量 $\times 0.7$
$70 \leqslant x < 75$	$y =$ 应得股份数量 $\times 0.5$
$x < 70$	$y = 0$

7. 测算收益并做调整

我们分别在8月、11月、2月、5月初统计上一个季度员工绩效月度平均分值，然后依据相应的分值，计算出每个人的实际股份数量，进而算出实际总股份数量以及每个人的股份数量占比（见表10）。

表10　分红股激励季度总分红测算

季度利润目标（万元）	12				
实际完成比例（%）	100	110	120	130	140
实际完成利润（万元）	12	13.2	14.4	15.6	16.8
在职分红金额（万元）	1.2	1.32	1.44	1.56	1.68
超额利润分红金额（万元）	0	0.48	0.96	1.8	2.4
分红总金额（万元）	1.2	1.8	2.4	3.36	4.08

算出每个人的实际股份比例，以及季度分红股总金额后，我们就可以算出季度每个人季度实际分红金额。

个人季度实际分红金额 = 个人实得分红股数 / 实际总股数 × 分红总金额

比如，张三作为前厅主管，绩效考核分值为91分，那么他的实际股数 = 687股。如果我们统计了每个人的绩效分值后，算出实际总股数为10 020股，同时，门店该季度定的利润目标为12万元，但是做到了14万元的利润，那么张三实际分红金额 = [14 × 10% +（14 − 12）× 40%] ÷ 10 020 × 687 = 0.1508万元。

也就是说，张三当季度可以在原有工资的基础上额外获得1508元的分红收益。

8. 确定转变方式和退出方式

在职分红和超额利润激励，只针对内部员工，员工离职，便意味着放弃分红权利，即使已经产生了收益，离职也意味着放弃，但是员工已经积累的固定工资，必须发放。

员工晋升、降级、调岗，依据调岗后的岗位的岗位价值评估调整相应分红股数量，之前积累的部分照常发放。

9. 设计晋升机制

我们可以以绩效考核数据作为员工晋升的依据，比如半年内，月度平均绩效分值达到95分及以上，可以升一级，前提是有相应的空缺岗位出现。

特别是，当我们要开连锁门店，需要大量管理人才时，晋升机制和调岗机制要为我们人才培养创造可能。

10. 探讨标准化建设

在后期，我们在门店导入 5S 标准化管理体系，提升服务质量和效率，包括着装标准化、清洁标准化、物料摆放标准化、服务标准化、菜品制作标准化、人才选育用留的标准化等。比如，在招聘员工时，新加入的员工过了一个月的试用期后转正，此时，门店会召开新员工正式入职欢迎仪式，由店长主持，给新人授牌，然后给新人安排一个师傅，帮助其成长；紧接着安排新人和师傅都上台郑重宣誓，明确自己的目标和职责……相关人员将整个过程拍成视频，发给宣誓人看。久而久之，这种仪式做多之后就形成一种文化，增强员工凝聚力。

第四阶段：方案宣导

在方案做完后，我们分别输出绩效考核表（Excel）、分红股激励方案（PPT）、收益测算表（Excel）、晋升机制（Word）、岗位价值评估表（Excel）等。

我们召集全体员工，对此次分红股激励方案进行宣导，并针对相应问题予以解答。

方案宣导主要包括五项内容：第一，门店发展规划；第二，分红股激励目的；第三，分红股激励方案；第四，员工收益测算；第五，对员工的要求和期望。

第五阶段：方案修订

刚开始，方案在执行过程中效果显著，尤其是离职现象得到有效遏制，员工工作积极性高涨，同时公司营业额、利润都得到了大幅度提升，老板能够从繁忙的工作解放出来，考虑开设下一家餐厅，走连锁化路线。

但是，这其中还有不少的问题，那就是绩效考核方式需要进一步优化和调整，目标设定需要科学合理，同时文化建设需要提上日程。

基于此，我们对绩效考核方式进行重新修订，在原有绩效指标设计的基础上，由公司员工和管理人员一起探讨如何优化绩效考核标准，一方面，可以发挥众人的智慧，另一方面可以听取基层员工的声音，了解他们对考核方式的接收情况。

在文化建设上，要求门店员工早上开早会，进行文化激励；晚上开晚会，进行工作总结，包括总结一天中表现好的和表现不好的，并提出改进建议。

同时，经常组织各类拓展性的娱乐活动，增强员工凝聚力。

每季度召开表彰大会，领导给员工颁发奖金和红利等，并做激励宣导。

经过一系列的改革，吴总美食城的业绩和利润率都得到了大幅度提升，员工工作状态焕然一新。同时，吴总能够从繁忙的工作中解放出来，开设连锁门店。

目前，吴总已经将成功模式进行复制，开设出5家具备一定规模的美食城，并且每家门店月度销售额都超过了30万元，利润率控制在25%左右。

范例二

科技公司的期权激励

⊙ 背景

顺道科技（化名）是一家从事后汽车服务市场的移动互联网公司，公司从2015年到目前，短短几年的时间，就从一家只有三四人的微型公司发展成目前拥有150人的科技公司，在行业内异军突起。

顺道科技主要为车主用户提供语音服务，包括导航、寻找停车位、寻找加油站、寻找洗车店、开车提醒、语音对话、语音求救、自驾游等多项服务，公司秉承以人为本、服务客户的宗旨，在行业内获得极佳的口碑。

作为公司的创始人及董事长张志军（化名）一心想将顺道科技打造成一家极具投资价值的上市公司，然后进军海外市场，为振兴民族企业而努力。

在一次总裁班的课程上，笔者接触到张董，经过几个小时的沟通，张董决定邀请笔者团队进驻公司，为其开展股权激励咨询服务。

第一阶段：调研分析

相比餐厅的调研工作，科技公司的调研工作更复杂一些，笔者从以下15个方面入手（见图1）。

1. 产品和服务

笔者对顺道科技公司进行走访调查了解到：顺道科技公司是一家以服务广大车主的互联网服务商，公司的主要产品是一款以提供语音对话、人机交互模式的APP——顺道伴侣（化名）。

顺道伴侣的核心技术优势在于语音交互，车主可以通过对话的方式实现对 APP 相关内容的操作。该语音交互技术获得了国家专利技术。

图 1　顺道科技公司的调研内容

2. 商业模式

顺道伴侣以提供一个连接车主和后汽车服务商户的平台，帮助双方获益（见图 2）。车主通过平台可以享受商家提供的更优质和实惠的服务；商家通过入驻平台，可以获得更多的客户，从而形成一个闭环的生态系统，提升行业竞争门槛，为公司创造更大的价值。

图 2　顺道科技公司的商业模式

公司的盈利模式主要来自以下几个方面（见表1）。

表1 顺道科技公司盈利模式

序号	盈利模式	具体内容
1	收取支付佣金	车主在平台上进行线上交易，平台收取1%的支付佣金
2	商业广告收益	商家可以竞价在平台指定位置发布广告
3	商城产品销售	平台开通与汽车有关的产品商城，通过自营或他营的方式，赚取收益
4	自驾游收益	平台定期或不定期组织车主自驾游活动，通过与相应的酒店、旅游景点合作，参与分成
5	与商家的分成	商家入驻，需要交纳一定的保证金，商家实现交易，平台抽取2%的分成收益
6	代理合作佣金	公司采用经销代理的销售模式发展客户，经销商加入需要缴纳一定的代理费用
7	资本收益	公司已经完成天使轮融资，不久将进行A轮风险融资，在资本市场上获取更大的收益

3. 公司规模

顺道科技目前有员工153人，其中技术人员占1/3左右，营销人员占1/2，其余为后勤人员。

公司位于深圳市区繁华地段，占地2000平方米左右，办公环境优越。公司开发的顺道伴侣用户量达到200万人左右，日活跃用户达到10人。

4. 财务状况

经过近两年的发展，顺道科技已经实现了扭亏为盈的目标，2017年上半年实现净利润500万元，全年有望实现净利润1500万元的目标。

从财务状况来看，顺道科技近两年的发展主要在于积累客户数据，提升平台的品质。从2017年开始，平台在快速扩张的同时，逐步实现收益的转化。2017年下半年，平台有望实现A轮股权融资，预计募集资金

3000万元，募集的资金主要用于积累用户、提升技术和服务水平、开拓更多商户等。顺道科技公司近三年的财务状况如图3所示。

图3　顺道科技公司近三年的财务状况

5. 股东结构

目前，顺道科技公司共有股东三名，分别是张志军、刘金鹏、万国良，股权占比分别是65%、25%、10%（见图4）。

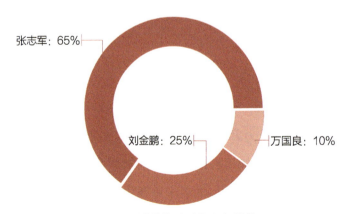

图4　顺道科技公司的股权结构

6. 组织结构

顺道科技公司组织结构采用事业中心制，下设有相应的部门，组织结构如图5所示。

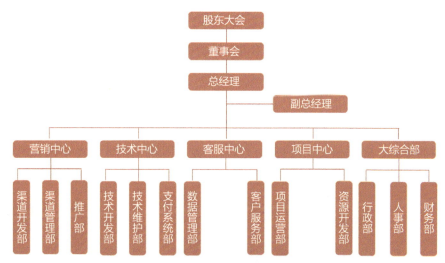

图5 顺道科技公司的组织结构

7. 业务流程

顺道科技公司主要服务两端，一端是广大的车主；另一端是商家。因此，顺道科技公司业务流程的设计是在技术开发的基础上的，一方面导流用户，另一方面开发经销商，借助经销商开发商户。单独成立项目中心，是为了做好自驾游的工作，以自驾游为核心，加强和酒店、景区的合作，该业务板块能够快速盈利，是公司主要收入来源之一。

大综合部服务公司其他所有部分，充当公司后勤的角色。

8. 岗位职责

通过提取顺道科技公司的岗位职责表，我们可以更加清楚了解公司的工作状况，岗位职责表由人事部制作并提供，由于篇幅有限，这里不做详述。

9. 绩效管理

公司建立相应的 KPI 考核制度，KPI 考核内容包括：绩效指标、指标权重值、指标目标值、给分标准、给分人或部门、修改意见。

10. 晋升机制

公司并没有建立规范的晋升机制，而是根据公司发展的需要以及领导的意见，安排相关人员晋升，没有一定的标准，因此，也导致公司存在一定程度的任人唯亲的现象。

11. 公司文化

公司文化氛围比较浓厚，针对营销人员，公司每天举行早会，早会有相应的流程，时间不超过半小时。首先是集体舞蹈，时间为 4 分钟左右；之后主持人出场，带领大家朗诵公司使命、愿景、价值观，紧接着安排一人带领大家朗读激励性文章，总共时间 8 分钟左右；然后，领导上台发言，并对优秀员工进行表彰，优秀员工上台领奖并发表感言，用时 8 分钟左右；然后，员工自愿上台发表感言，感言必须能传递正能量，并且人数不超过 3 人，每人限时 2 分钟。结束后，主持人宣布散场，员工回到工作岗位。

营销人员每天召开晚会，晚会实行小部门制，小部门领导带领大家一起开会，每个员工陈述今天的工作内容中表现好的在哪里，表现不好的地方在哪，如何继续改进。之后，领导做总结并提出改进建议，同时部署第二天的工作内容。

每周一公司举行全员早会,所有到岗员工必须参加,非营销人员在各自领导的带领下,每天晚上对工作内容进行总结改进。

公司经常组织各类活动,比如篮球比赛、羽毛球比赛,公司拿出活动基金对冠军进行奖励。同时,公司每年举行两次拓展活动,增强员工凝聚力。

作为对优秀员工的鼓励,对其他员工的一种鞭策,优秀员工的照片会上部门墙。

12. 员工状态

员工工作积极性强,对公司文化氛围比较满意,对老板的经营能力比较认可。

员工离职率低,优秀员工能够得到施展才能的机会。

13. 薪酬结构

顺道科技公司的薪资主要由6大部分组成:基本底薪+提成+绩效薪酬+奖金+福利+津贴。

顺道科技员工的薪资处于行业中上等水平,其中营销人员底薪偏低,但是有高额的提成和绩效收入;非营销人员底薪较高,因为没有参与营销,因此没有提成收入,绩效工资根据每个人的KPI考核进行发放。

奖金设有年度奖金和月度奖金,月度奖金每月发放,但只发放给本季度表现最优秀的前三位,年度奖金每人都有,但会根据员工整年的绩效表现发放金额不等的年度奖金。

公司每个月给每一位员工发放福利,主要是生活日用品,包括毛巾、洗衣液、米、油等,价值在100元左右。

员工出差,除了报销一定的费用外,还会发放一定数量的津贴。

14. 老板风格

作为公司的一把手、董事长、核心决策人，张志军拥有前瞻性的眼光，拓展意识强，做事雷厉风行，敢舍敢分，同时拥有远大的理想和抱负。

作为公司二股东、公司总经理，刘金鹏拥有丰富的企业经营管理经验，同时个人风险意识强，做事认真谨慎，和张总工作配合默契。

作为公司三股东、副总经理，万国良擅长技术工作，同时拥有丰富的管理经验，因此在兼任公司副总经理的同时，也担任公司技术总监的角色，能够很好地协调技术和营销人员之间的关系。

15. 授权方式

目前，公司主要分三大层级：第一层级是核心管理层，主要包括董事长、总经理、副总经理、各个事业中心的总监；第二层级是中层人员，包括各个部门的经理、主任；第三层级就是最底层职员或实习生。

公司建立了比较规范的授权管理方式，各个岗位有清晰的岗位职责，员工不得轻易越权汇报工作，特殊情况下除外；同样，管理人员不得轻易越权管理。

公司设有意见箱，员工可以监督领导的工作，可以将对公司经营管理的看法写成书面报告投递到意见箱，被采纳的员工，将获得较大金额的奖励。

第二阶段：方案探讨

通过两天的调研，笔者已经了解清楚顺道科技公司的基本情况。总体上来看，顺道科技公司在经营管理方面做得比较好，尤其是在文化建设、薪酬管理、绩效管理、授权体系建设等方面做得很好，但是仍然有一些不足的地方，比如缺乏晋升机制、股权激励机制，同时绩效管理的部分内容需要一定程度的优化。

在与三位股东进行深入探讨后，笔者提出在企业内部实施期股激励方案，并获得了三位股东的一致认可。

之后，笔者确定了接下来的工作内容，主要包括三大内容：制订期股激励方案，制定晋升机制，对原有绩效管理体系进行一定的优化。

笔者将要输出的内容包括：期股激励方案（PPT）、期股激励协议（Word）、出资证明（Word）、股权证书、期股收益测算表（Excel）、晋升机制、绩效考核表（Excel）。

第三阶段：方案制作

针对顺道科技的股权激励方案，笔者从以下十大步骤逐步推进，在与公司相关人员进行碰撞过程中逐步确定下来。

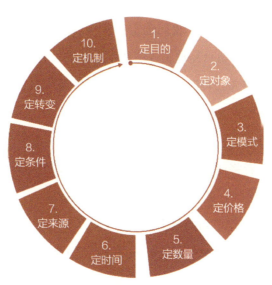

图 6　顺道科技股权激励方案的设计流程

1. 定目的

此次，企业实施股权激励方案，最主要的目的是进一步提升员工工作积极性，同时为企业进行 A 轮股权融资做好准备（见图 7）。

图 7　顺道科技股权激励的目的

2. 定对象

此次股权激励的对象，我们选定在基层管理者以上的管理人员，包括董事长、总经理、副总经理、各事业中心总监、各部门经理。

由于公司对加入公司时间不长的员工还缺乏了解，所以，入职一年以内的管理人员暂时不纳入此次股权激励方案当中，可以考虑在第二期股权激励时候纳入。

基于此，笔者将此次股权激励方案纳入的人员名单制作成表格，并打印出来，经过统计，此次需要激励的对象一共 28 人。

同时，我们制作了股权激励问卷调查，专门针对即将被纳入股权激励激励方案的员工，并与他们做了相应的沟通，了解他们的真实情况。

3. 定模式

总体上来看，员工对公司比较认可，对公司股份接受度高，大部分人愿意花钱购买公司股份，关键在于价格。

为了保障此次股权激励的效果，在笔者建议下选用期股进行激励，也就是员工只需要拿出激励股份总金额25%的资金，便可以获得全部激励股份的分红权，每年通过激励股份的分红金回填不足的部分，补足剩余款项后，全部激励股份转化为实股。以三次年底分红进行回填，每次回填25%，分红金额多退少补（见图8）。

图8 顺道科技公司的期股激励方式

也就是说，顺道科技公司从导入股权激励方案到激励对象的股份全部转化为实股，可能需要4年左右的时间，当然，激励对象可以选择加速回填转化。公司进行股权融资或上市计划时，要求激励对象加速回填，激励对象必须加速回填不足部分，否则意味着放弃未能转化的期股，已经转化为实股的部分不变。

激励对象的全部期股转化为实股后，半年内，公司对其进行考核，合格后，公司将激励对象持有的股份进行工商局变更注册。

4. 定价格

确定公司股份价格，首先要做的就是对公司进行估值。如何对公司进行估值？

一般来说，对互联网公司的估值，比较常用的方法是以用户量、在线活跃用户数来评估企业价值。

目前，公司APP用户达到100万人，如果我们以每个用户价值100元进行计算，那么公司估值就是1亿元。

由于该公司目前已经实现了盈利，并且公司成长性强，我们进行估值还必须考虑更多因素。如果以股利贴现模型进行计算，估值又会不一样。

我们对企业未来5年的营业额、利润进行预测，分布如表2所示。

表2　顺道科技未来5年的财务预测　　（单元：万元）

年份	2017年	2018年	2019年	2020年	2021年
销售额	11 000	15 000	18 000	22 000	25 000
利润	1 500	2 400	3 800	5 200	8 000

通过股利贴现模型的方式测算出顺道科技公司估值为1.8亿元。

综合考虑用户数估值方法和股利贴现模型，我们赋予双方权重值各50%进行推算，计算出公司估值为1.4亿元。

总体上来讲，该估值还算合理，在实施内部股权激励时，我们为了给到员工内部更好的价格，激励员工花钱买股，暂时将公司估值下调到1亿元。

5. 定数量

我们将顺道科技公司的股份设定为1亿股，意味着每股1元。公司增发1000万股用于首期股权激励方案。

我们运用海氏岗位价值评估工具（由美国薪酬专家爱德华·海（Edward Hay）1951年开发出来的一种专业评估岗位价值的工具，目前进一步优化并被开发成相应软件）对纳入此次股权激励方案的员工进行岗位价值评估，得出以下分值（见表3）。

表3　顺道科技公司股权激励对象的岗位价值评估

岗位	人数（人）	岗位价值评分（分）
董事长	1	2 100
总经理	1	1 920
副总经理	1	1 540
营销总监	1	1 020
技术总监	1	1 080
客服总监	1	980
项目总监	1	1 060
综合管理总监	1	650
渠道开发部经理	4	3 280
渠道管理部经理	1	680
推广部经理	3	2 880
技术开发部经理	1	880
技术维护部经理	1	860
支付系统部经理	1	920
数据管理部经理	1	780
客户服务部经理	1	720
项目运营部经理	1	780
资源开发部经理	3	2 640
行政部经理	1	480
人事部经理	1	520
财务部经理	1	530
合计	28	26 300

在此基础上，我就可以算出每个岗位应得股份数量（见表4）。

表4 顺道科技公司股权激励对象的岗位应得股份数量

岗位	人数（人）	分值占比（%）	应得股份数（万股）
董事长	1	7.98	79.8
总经理	1	7.30	73.0
副总经理	1	5.86	58.6
营销总监	1	3.88	38.8
技术总监	1	4.11	41.1
客服总监	1	3.73	37.3
项目总监	1	4.03	40.3
综合管理总监	1	2.47	24.7
渠道开发部经理	4	3.12	31.2
渠道管理部经理	1	2.59	25.9
推广部经理	3	3.65	36.5
技术开发部经理	1	3.35	33.5
技术维护部经理	1	3.27	32.7
支付系统部经理	1	3.50	35
数据管理部经理	1	2.97	29.7
客户服务部经理	1	2.74	27.4
项目运营部经理	1	2.97	29.7
资源开发部经理	3	3.35	33.5
行政部经理	1	1.83	18.3
人事部经理	1	1.98	19.8
财务部经理	1	2.02	20.2

具体到股权激励岗位上的每一个激励对象，我们参考上一年度月度平均绩效分值进行相应调整，调整方式为如表5所示。

表5 顺道科技公司股权激励对象实得期股数调整方式

绩效考核分数（x）	激励对象实得期股数量（y）
$x \geq 95$	$y=$ 应得股份数量 $\times 1.1$
$90 \leq x < 95$	$y=$ 应得股份数量 $\times 1$
$85 \leq x < 90$	$y=$ 应得股份数量 $\times 0.9$

（续）

绩效考核分数（x）	激励对象实得期股数量（y）
$80 \leqslant x < 85$	$y =$ 应得股份数量 $\times 0.8$
$75 \leqslant x < 80$	$y =$ 应得股份数量 $\times 0.7$
$70 \leqslant x < 75$	$y =$ 应得股份数量 $\times 0.5$
$x < 70$	$y = 0$

通过查看所有激励对象员工上一年度月度平均绩效分值，我们就可以统计出每个激励对象实际应该获得的期股数量。

比如，张三作为支付系统部经理，应得股份数为35万股，但是张三上一年度月度平均绩效分值是83分，那么他实际获得股份数应为 $35 \times 0.8 = 28$ 万股。那么，张三需要出资25%的资金，也就是7万元，就可以获得28万股的期股，每年参与分红，分红资金用来回填剩下的21万元。

6. 定时间

我们在2017年授予员工期股，之后期股开始逐步转化为实股，2021年全部期股转化为实股后，激励对象可以对持有的股份参与行权。具体时间表如图9所示。

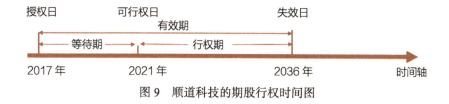

图9　顺道科技的期股行权时间图

7. 定来源

定来源主要考虑两方面的内容：第一是股权激励标的股份的来源；第二是购买股份资金的来源。

此次股权激励采用增发的方式，也就是在原有的1亿股的基础上，增加发行1000万股，之后，公司股份将变成1.1亿股；激励对象花钱购买股份的资金，必须留存在公司，作为公司的发展资金。

激励对象购买股份的资金，首期来自员工的自有资金，后期可以以分红、年度奖金、工资等收入进行支付。当然员工没有首期支付的资金，也可以向银行或公司进行借贷，来解决购买股份资金的问题。

8. 定条件

这里定条件主要是指准入时的条件和行权时的条件。

顺道科技公司首期股权激励对象准入的条件是：第一，激励对象必须是经理及以上岗位的员工；第二，激励对象在公司工作年限在1年及以上；第三，激励对象在上一年度绩效考核中，平均绩效分值在70分及以上。

激励对象行权必须是在全部期股转化为实股后，员工尽早缴纳剩余款项可以加速行权，但员工不得延后支付不足款项。

员工股份分红资金不足以弥补资金不足的部分，同时员工又不愿意缴纳，意味着员工放弃部分期股。

比如，员工有28万股期股，第一年缴纳了7万元，第二年应该通过股份分红方式补足7万元资金，但是，到了第二年股份分红只有5万元，员工不愿意补足剩余的2万元资金，意味着他放弃2万股的期股。

9. 定转变

转变主要来自两个方面：第一，来自员工的转变，比如离职、辞退、调岗、晋升、降级等；第二，来自公司的转变，比如公司合并、分立、融资、上市、解散。那么，股权激励正在进行时出现这些情况，该如何处理？详细情况如表6所示。

表6 顺道科技公司股权激励对象的转变方式

转变方式		等待期	行权期
员工转变	离职	按照员工实际出资金额的部分+利息，收回全部股份	评估当期员工持有股份的价值，然后回购，资金在一年内分期发放
	辞退	按照员工实际出资金额的部分+利息，收回全部股份	评估当期员工持有股份的价值，然后回购，资金在一年内分期发放
	调岗	不变，期股继续转化	不变，员工正常参与行权
	晋升	以晋升后岗位为准，增加期股激励数量	原有实股不变，以晋升后岗位为准，增加期股激励数量
	降级	以晋升后岗位为准，减少期股激励数量	原有实股不变
	死亡	对已经转化的部分实股，进行价值评估后回购，资金在一年内分期发放	评估当期员工持有股份的价值，然后回购，资金在一年内分期发放
公司转变	合并	帮助员工加速行权，未能加速行权的期股，视为自动放弃	将股份进行价值评估后，同等价值置换合并后的新公司的股份
	分立	帮助员工加速行权，未能加速行权的期股，视为自动放弃	将股份进行价值评估后，同等价值置换分立后的自己在职的新公司的股份
	融资	在投资者无特殊要求时，正常回填转化；投资者要求规范股权结构，公司帮助员工加速行权，未能加速行权的期股，视为员工自动放弃	原有实股不变
	上市	帮助员工加速行权，未能加速行权的期股，视为自动放弃	原有实股不变
	解散	对已经转化的部分实股，进行价值评估后按照股权比例进行清算	按照股权比例进行清算
	转售	视接收方的要求而定	视接收方的要求而定

10. 定机制

在股权激励的机制设计方面，我们主要设计与股权激励相关的配套机制，以确保激励效果，包括考核机制、薪酬机制、股权激励调整机制等物质的激励方式；非物质的激励方式，比如文化激励、榜样激励、PK激励也是必不可少的内容（见图10）。

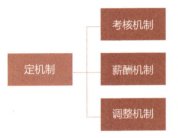

图 10　顺道科技公司期股激励的配套机制

在设计好股权激励方案后,我们同时为企业设计好了晋升机制。

我们将每一个岗位的层级进一步拉开,每个岗位划分为 2～3 个级别,比如渠道开发经理可以分为:初级、中级、高级,不同级别薪资会有一定的差别,岗位价值也会有一定差异。

员工在同一个岗位晋升,在半年内每个月绩效分值需要大于等于 85 分;由一个岗位晋升到另一个岗位,则需要在半年内每个月绩效分值大于等于 90 分,并且晋升的岗位出现职位空缺。

第四阶段:方案宣导

方案宣导也是本次股权激励方案中重要的一个环节。方案宣导有三大目的:第一,让员工了解公司的政策;第二,激励员工以成为公司股东为荣;第三,让员工理解股权激励对自身发展的价值,明确自己努力的方向。

股权激励方案初具雏形时,我们在公司领导的安排下,召开了临时性的股权激励会议,在会议上探讨股权激励方案,同时让他们提出自己的看法。这样一方面提前给员工打好预防针,同时让员工了解股权激励的基本情况。

在股权激励方案确定后，我们在公司内部召开正式的股权激励大会。

在召开正式股权激励大会前，我们提前制作好了《期股激励协议》、股权证书、股权激励方案、股权测算表等文件。

股权能激励方案宣导，主要宣导以下内容（见图11）。

图11　顺道科技公司期股激励方案宣导内容

1. 公司发展战略

公司发展战略包括公司战略目标、战略实施方案。

顺道科技公司计划在2020年实现上市的目标，在这之前，公司确定了三步走的战略目标，如图12所示。

图12　顺道科技公司的三步走战略目标

2. 股权激励方案

股权激励方案就是我们前面已经讲述的十定模型的内容，我们可以将其制作成精美的 PPT 给员工宣讲、解答。

3. 期股激励收益测算

这里的期股激励收益测算是站在员工角度进行的测算：一方面测算未来企业发展后，员工持有股份的分红收益；另一方面公司价值提升后，如果激励对象将持有的股份进行股权转让，就测算其收益；另外，如果公司进行融资、上市的话，就测算员工持有股份的价值。

只有实实在在地帮助员工计算出投资价值，才能调动员工购买股份的积极性，从而确保股权激励的效果。

4. 股权投资价值分析

我们可以列举一些其他公司的案例，说明这些公司因为实施股权激励方案，公司上市后，员工如何实现了自己的财富梦想。

比如，阿里巴巴集团在美国纽约证券交易所上市后，公司不仅造就了马云这个华人首富，还造就了几十位亿万富翁、上千位千万富翁、上万名百万富翁；腾讯上市，造就了 5 位亿万富翁、7 位千万富翁和几百位百万富翁；百度上市，当天创造了 8 位亿万富翁、50 位千万富翁、240 位百万富翁，百度一位前台小姐因为持有公司股份也成了百万富翁……当然，如果能列举发生在我们身边的企业的案例，就更有说服力。

同时，我们也可以以股权融资后公司股份溢价走势图（见图 13）进行分析，让员工发觉股权投资的价值所在。

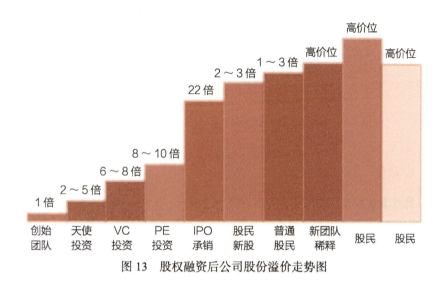

图 13 股权融资后公司股份溢价走势图

第五阶段：方案修订

股权激励不是一次性就能做好的，它需要分期分阶段逐步推进，切不可操之过急。我们在导入第一期股权激励方案时，就需要提前考虑第二阶段的股权激励。尤其是创始人在股份不断被稀释的过程中，一定要提前做好股权布局规划。

同时，每一期股权激励方案在导入过程中，一定要根据企业发展的需要进行不断优化、改进，企业相关人员需要做好监督回访的工作；同时，在实施一定阶段后，相关人员要做好效果测评工作，及时发现方案导入过程中的问题，及时反馈给咨询师进行修正。

范例三

工装企业的股权众筹

⊙ 背景

旭杰服装有限公司（化名）是一家专业设计、生产、销售工装的服装公司，公司从2006年成立之初，发展到现在，一路经历众多风雨和坎坷。

工装行业是一个非常传统的行业，市场竞争非常激烈，旭杰服装在激烈的市场拼杀中，好几次面临破产倒闭的命运，好在公司创始人曲胜杰（化名）一再坚持与付出，才取得了今天的成绩。

目前，旭杰服装在当地的工装行业小有名气，但是在全国市场中，与竞争对手差距甚远。

一次课程现场，笔者认识了曲董，曲董给笔者讲述了他经营企业的困惑，笔者针对曲董的困惑，提出了股权众筹的思路，并获得曲董的认可。

在曲董的再三要求下，笔者进驻旭杰服装公司，开展股权众筹咨询工作。

第一阶段：调研分析

通过前期与曲董在年底沟通，笔者了解到需要做的工作主要是针对公司客户导入股权众筹方案，因此，企业内部人力资源资源的调研不用去详细了解，第一阶段的调研重点在于对公司客户的分析。这样，我们可以从以下九个方面能入手做调研（见图1）。

1. 公司产品

旭杰服装生产的产品主要包括：工人工服、白领阶层职业装以及表演服装。公司针对企业需求采用定制化批量生产的模式。

图 1　旭杰服装众筹方案调研内容

公司产品价格处于中上等水平，在价格上并不具有竞争优势，但是，公司产品质量有保障，款式设计新颖，深受广大用户的喜爱。

公司邀请知名演员做品牌宣传，并且经常在本地电视台，以及户外做广告宣传，产品在当地具备较高的知名度和美誉度。

2. 营销方式

旭杰服装的销售主要采用经销代理的模式，其在全国各地招募经销商、分销商，因此，经销商是企业生存与发展的核心要素。

公司也开展网络直销以及针对大客户的直销，但是公司主要收入来源仍然是经销商。

公司业绩的高低主要取决于经销商是否发力，经销商努力卖货，公司销售额就高；反之，如果经销商销售别的公司的产品而不努力卖好本公司的产品，销售额就会降下来。

因此，本次股权众筹的核心目的就是捆绑经销商，推动经销商努力卖货。

3. 客户状况

目前，公司大大小小的经销商总共有 60 家左右，其中年销售额达到 100 万元的经销商有 11 家，其余的经销商销售额低于 100 万元。

旭杰服装忠诚的经销商有 13 家，忠诚的标准是只销售本公司产品，不开展其他业务，并且实现了公司化运营。

4. 公司规模

目前，公司共有员工 96 人，其中 58 人在工厂从事生产工作，38 人在总公司。总公司位于市区，占地 500 平方米；工厂位于郊外，占地 2000 平方米；公司配有 4 辆专用运货车，负责货物配送。

5. 财务状况

公司目前年销售额达到 3000 万元，利润率为 13%，略微高于行业平均水平，目前公司无负债。笔者统计了公司近三年的财务状况，如图 2 所示。

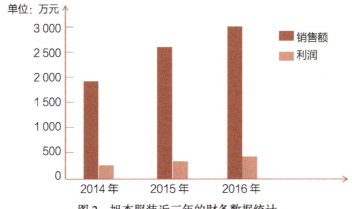

图 2　旭杰服装近三年的财务数据统计

6. 股东结构

目前,旭杰服装共有股东 5 人,其中董事长曲胜杰占股 78%,是最大的股东,具体股权结构如图 3 所示。

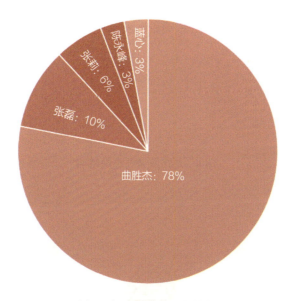

图 3　旭杰服装的股权结构

7. 组织结构

旭杰服装主要由两大模块组成:一个总公司、一个工厂。总公司的主要职能为营销、设计、后勤保障;工厂负责生产、调货。总公司与工厂之间彼此进行配合,信息共享。旭杰服装组织结构如图 4 所示。

8. 业务流程

旭杰服装是一家生产销售型公司,我们可以以 U 形曲线的形式画出公司的业务流程,如图 5 所示。

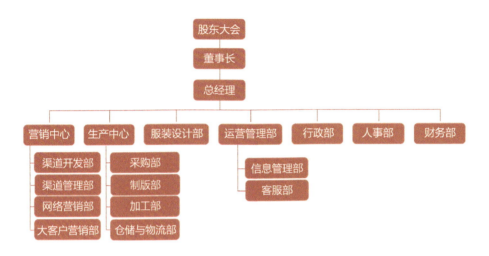

图 4　旭杰服装的组织结构

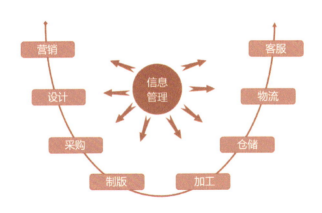

图 5　旭杰服装的业务流程

9. 发展规划

我们确定近三年公司的发展目标，即主要以经销商为核心，开展股权众筹活动，逐步强化经销商与厂家之间的关系（见图 6）。

图 6　旭杰服装的战略规划

第二阶段：方案探讨

经过两天的调研，笔者已经了解了企业的基本情况，此次股权众筹的重点是针对经销商。因此，笔者特意重点拜访了 10 家经销商，进行摸底调查，从抽查的经销商反馈过来的情况来看，他们对厂家实施股权众筹方案表示欢迎，90% 的经销商愿意和厂家一起捆绑发展。

从公司内部经营管理的情况来看，目前公司内部运作顺畅，在开展股权众筹方案时，需要重点加强渠道开发和管理的建设力度。

笔者在与公司负责人的探讨中，确定了开展线下股权众筹活动的方案，并逐步探讨相应的细节，逐步确认。笔者将输出如下成果：股权众筹方案（PPT）、股权众筹核算表（Excel）、股权众筹招商方案（PPT）、股东合作协议（Word）、股东出资证明书（Word）、股东管理条例（Word）。

第三阶段：方案制作

股权众筹方案设计

我们仍然采用股权众筹十定模型对本次股权众筹方案进行设计，核心内容见如图7所示。

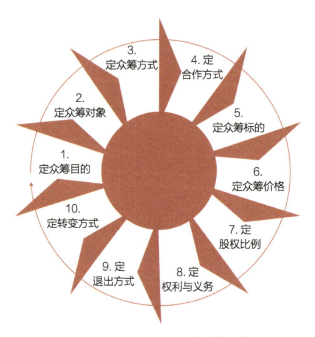

图7 旭杰服装的股权众筹方案内容

1. 定众筹目的

此次股权众筹，主要有以下四大目的。

第一，捆绑经销商，激励经销商更好地卖货。经销商成为公司股东之后，除了可以获得销售产品带来的利润收益，还可以获得公司股份的分红收益。此外，经销商将股份转让还可以获得溢价的收益。

第二，快速拓展市场，提升公司价值。公司在全国各地分阶段召开经销商大会，一方面拓展更多经销商加盟；另一方面，宣导众筹招商政策，发展更多的经销商股东。

第三，为公司发展带来更多现金流。经销商缴纳一定费用成为公司股东，这在一定程度上为公司带来了更多现金流，在一定程度上解决了企业发展过程中资金不足的问题。

第四，解决经销商赊欠进货款的问题。经销商一次性缴纳进货款，方可获得公司免费赠予的股份，这在一定程度上解决了经销商拖欠货款的问题。

2. 定众筹对象

本次股权众筹的核心对象是经销商，此外，还包括分销商、终端门店。

3. 定众筹方式

公司在全国各地的不同城市，每3个月举行一场股权众筹招商活动，邀请当地及周边的经销商参加，经销商既可以是已经合作的客户，也可以是未合作的客户。

因此，公司在确定了招商会议的时间和地点后，市场开发人员就需要全力以赴地邀请经销商到会场，之后，公司邀请专业的宣讲老师做演讲，并宣导公司政策。

4. 定合作方式

经销商通过一次性缴足进货款项，获得公司赠予的实股股份，进而通过持有公司股份享受相应收益（见表1）。

表 1　旭杰服装招商政策

进货金额（万元）	获得货物	获得股份
20	以 3.5 折的折扣进货 20 万元货物，同时享受 1 年的 3.5 折折扣进货价	免费获得价值 20 万元的实股股份
30	以 3.3 折的折扣进货 30 万元货物，同时享受 1 年的 3.3 折折扣进货价	免费获得价值 30 万元的实股股份
50	以 3 折的折扣进货 50 万元货物，同时享受 1 年的 3 折折扣进货价	免费获得价值 50 万元的实股股份

经销商一次进货未能达到 20 万元，只能以 4 折的折扣进货，同时不能享受公司赠予的股份。因此，经销商要想获得更大的收益，就必须多进货，进而推动公司销售额提升。

5. 定众筹标的

此次股权众筹，我们以总公司作为标的，同时成立持股公司，持有总公司股份，将众筹股东纳入持股公司平台，统一管理。持股公司既可以是有限责任公司，也可以是有限合伙企业。由于有限合伙企业可以规避双重税负的问题，同时又能帮助创始人掌握控制权，因此有限合伙企业往往成为这种持股平台方案的首选。

6. 定众筹价格

我们采用股利贴现的方式对公司进行了估值，初步估算公司的估值为 5000 万元，我们将公司股份设定成 5000 万股，意味着每股 1 元。

每次做股权众筹，我们都以增发的方式向经销商发行新股，比如经销商一次性缴纳 50 万元进货款，我们将增发 50 万股的股份授予经销商。

7. 定股权比例

经销商股权比例是以经销商持有股份数量除以总公司股份总数进行计算的，由于公司在不断地增发股份，发行新股，因此之前股东持有的股份比例会被稀释，但是股东持有股份的股价会不断上涨。

8. 定权利与义务

持有总公司股份后，股东经销商享有以下权利：

（1）享受每年利润分红（分红比例为当年净利润的40%～80%，剩余利润留存到公司发展）；

（2）按照持股比例参与标的企业的经营决策；

（3）可以对所持有的股份进行转让套现，前提是有愿意接受的人；

（4）总公司如果上市，股东可以在二级市场自由套现退出。

当然，股东经销商必须履行如下义务：

（1）不得有损害公司的行为（比如对外宣传关于公司的虚假信息，泄露公司商业机密，以公司名义开展与本公司不相关的商业活动等）；

（2）不得私自利用公司股东的身份进行抵押或质押借贷；

（3）不得利用股东身份进行利益输送，或者进行关联交易；

（4）不得撬挖公司员工，开设与公司具有竞争关系的企业；

（5）不得销售与本公司具有竞争关系的产品；

（6）不得冲货、砸价，扰乱市场。

9. 定退出方式

众筹股东持有股份两年之内，股份不得转让。同时，股东经销商一旦终止与厂家合作，厂家以1元的价格收回股东全部股份。

众筹股东持有股份两年后，并且仍然在代理本公司的产品，股东可以要求公司回购股东手中持有的最高50%的股份，但总公司没有回购股东股份的义务，总公司必须帮助股东对接转让第三方。

由于公司实施订货赠送股权的政策暂定为两年时间，两年之后，公司根据情况调整政策，会将赠送股份转变为以一定折扣花钱购买内部股份，此时，我们就为之前经销商股东设计了一定的退出通道。

此时，公司股份价值为1元/股，两年后，伴随公司发展，公司再实施股权众筹方案时，股份价值可能会涨到2元/股，那么，之前的经销商股东退出不仅可以获得分红收益，还可以获得股份的溢价收益。

在公司进行私募股权融资时，经销商股东可以选择要求公司进行回购部分股份，在公司经营状况良好，资金充裕的情况下，公司必须予以回购。

10. 定转变方式

转变主要包括两个方面：第一是公司转变；第二是经销商股东的转变（见表2）。

表2　旭杰服装股权众筹的转变方式

转变		内容
公司转变	公司融资	此时，在公司发展良好，现金充裕，同时经销商股东要求回购的情况下，公司可以回购众筹股东最高50%的股份
	公司上市	公司上市，股东可以在相关法律法规的允许下自由套现退出
	并购、重组	评估股东股份价值，进行股权置换
	公司出售	按照股权比例获得相应收益
	公司清算	按照股权比例清算收益
经销商转变	经销商停止进货销售	总公司以1元的资金收回股东的全部股份
	经销商售卖竞争对手产品	总公司以1元的资金收回股东的全部股份

招商方案设计

此次股权众筹方案的核心在于招商方案的设计和实施。我们以会销的方式在全国各地推行。招商方案可以在股权众筹方案的基础上进行修订，主要包括以下内容（见图8）。

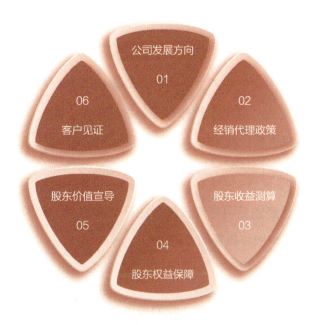

图8　旭杰服装的股权招商方案内容

1. 公司发展方向

旭杰服装主要向经销商展示公司发展方向、未来规划，让经销商看到企业发展的希望，激励经销商成为公司股东。公司发展方向的展示，包括产品、品牌、商业模式、团队、资本运作等的建设。

2. 经销代理政策

经销代理政策包括经销商进货政策、股权合作政策，以及成为经销商或股东后，享受的相应权利与义务。

3. 股东收益测算

成为公司股东后的收益测算，包括分红收益，公司价值增长后股权转让而得的溢价收益。我们可以设计相应表格，对每一个数据进行测算。由于篇幅有限，这里不做详述。

4. 股东权益保障

经销商成为公司股东后，公司必须与经销商签订股权合作协议，将相应的权利、义务、退出条款都写入条款。同时，总公司需要规范财务数据，股东有权查看公司账簿，了解公司经营情况。

5. 股东价值宣导

企业需要让经销商明白股权投资的价值和意义，我们可以以案例的形式，直观地展现股权投资的价值。

6. 客户见证

经过几次众筹方案的实施，我们可以树立一些标杆经销商股东，邀请这些标杆经销商股东上台分享心得和感受，展示自己成为股东后的收获。同时，我们也可以给这些标杆经销商股东录制视频或音频，拍摄照片，作为下次开展股权众筹活动演讲的素材。

第四阶段：方案宣导

以会销的形式开展活动，是本次股权众筹方案实施的具体表现形式。会销的流程包括以下形式（见图9）。

我们邀请了行业专业的演讲大师帮助公司对此次股权众筹方案做宣讲，并且经过多次实践，我们将会销的实施流程、具体细节进行标准化，形成操作手册，作为下一次执行的标准。

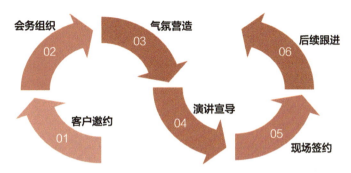

图 9　旭杰服装股权招商会议的流程设计

第五阶段：方案修订

在笔者的建议下，公司每次会销后都必须进行总结，好的部分落实成文件，作为后期操作的标准；对不好的地方提出改进建议和措施，及时进行调整。

同时，积极收集客户见证，为下次实施方案积累素材。

在股东发展成 30 人时，我们调整股权众筹的方案，提高股东准入门槛；同时，延长股权众筹活动的周期，避免股东发展过快带来的法律风险。

同时，每个成为公司股东的经销商，都必须严格按照公司标准填写相应的表格，建立股东档案。股东增加到 30 人时，增加持股平台，保障每个持股平台人数不超过 30 人。

对于公司发展帮助不大的经销商，公司对其股份进行回购；公司清退部分不合格的股东。

公司建立《股东管理条例》，凡是公司的股东，必须在《股东管理条例》上签字，遵守《股东管理条例》的要求，约束股东的不良行为。

附件 A　期股授予协议书

甲方名称：_____有限公司　　乙方姓名：_____

法人：_____　　身份证号码：_____

地址：_____　　住址：_____

电话：_____　　电话：_____

根据《中华人民共和国公司法》《中华人民共和国合同法》以及_____公司股权激励方案的有关规定，为保护甲、乙双方的利益，本着自愿、公平、互利、守信的原则，甲方与乙方就期股的授予、收益核算、退出办法等事项达成如下协议：

一、本协议有效的前提条件

乙方为与甲方签订劳动合同的正式员工，甲方按照有关规定对乙方参与股权激励方案进行了严格的资格认定，乙方可按照_____公司股权激励方案规定的程序和办法参与甲方的股权激励方案。

二、行权方式

1.根据综合评定，乙方获授的期股数量为_____股，股份单价为每股_____元，期股平台为_____，股份总金额为_____元。

2.按照_____公司股权激励方案，乙方只需要实际缴纳本次激励股份总金额的25%的资金，即_____元，便可以获得此次股权激励的_____股的股份；剩余75%的款项，乙方通过所持有的股份参与分红，使用分红资金对未能补齐的款项进行回填，一直到填满为止。

3.乙方在未能填满剩余75%的款项前，持有的股份只享有分红权和增值收益权，没有投票权、转让权等股东应有的权利；股东填满剩余75%的款项后，便拥有股份的所有权，包括收益权、转让权、决策权、知情权等权利。

4.乙方通过分红资金回填完剩余款项后，甲方必须在6个月内到工商局进行变更注册，将乙方注册成真正的股东。

5.乙方在＿＿＿＿＿＿年＿＿＿＿月＿＿＿＿日前未足额缴纳实际出资的＿＿＿＿＿＿＿元资金，便视为乙方放弃本次股权激励方案，此协议自动失效。

三、甲方的权利与义务

1.甲方享有按照公司股权激励方案所列办法对乙方进行考核，并根据考核结果对乙方所持期股数量、分红方式、兑现方式等进行调整的权利，乙方对甲方的调整无异议。

2.甲方有权根据国家税法的规定，代扣代缴乙方应缴纳的个人所得税。

3.在乙方违反公司相关管理制度时，甲方享有按规定办法对乙方所持期股进行处理的权利，乙方对甲方的处理结果无异议。

4.乙方成为注册股东后，甲方按照股东大会的相关决议按时足额发放分红。

5.在兑现窗口期内，甲方需按规定的时间和价格对乙方要求兑现的期股予以兑现。

6.甲方对于授予乙方的股份将恪守承诺，不得中途取消或减少乙方的股份数额，也不得中途中止或终止与乙方的协议，如违反公司规定的除外。

四、乙方的权利和义务

1.在期股锁定期内，乙方享有按照公司股权激励方案所列程序获取分红款的权利。

2.乙方持有的期股通过锁定期后，有权在规定时间内按规定程序对所持期股予以处置。

3.乙方有按时足额缴纳购股资金的义务。

4.乙方应恪尽职守，以确保公司股权激励方案所列绩效指标的达成。

5. 乙方不得对所持期股进行私自转让，也不得用于抵押或偿还债务。

6. 乙方保证依法履行因股权激励方案产生的纳税义务。

7. 乙方在公司任职期间，不得在与公司经营同类产品或提供同类服务的其他企业、事业单位、社会团体、经济组织内任职，也不得在其他任何企业、事业单位、社会团体、经济组织内担任任何职务，包括实际控制人、股东、合伙人、董事、监事、经理、职员、代理人、顾问，等等。

8. 乙方所持公司期股不得发生继承，但期股由公司回购所对应的股份款可发生继承。

五、违约责任

1. 乙方工作不能尽心尽力，绩效表现差，公司有权辞退乙方，乙方持有的股份以初期购股资金加5%的年利息收回。

2. 乙方利用股东的身份从事有损于甲方利益的行为，给甲方带来损失，甲方有权要求乙方进行赔偿，赔偿资金从股份分红中扣抵。乙方的不良行为被定性为情节严重者，公司有权辞退乙方，辞退后，甲方以乙方初期投资金额扣抵完对甲方的损失补偿后，将剩余款项支付给乙方。

3. 乙方不得向竞争对手泄露公司商业机密，不得从事商业间谍活动，不得利用股东身份进行利益输送，不得撬挖公司的员工或客户，否则，公司有权辞退该员工，并且以1元的总金额收回股东的全部股份。

4. 乙方表现良好，甲方不得无缘无故克扣乙方的股份数量和分红，否则，乙方有权要求甲方予以补偿。

六、利润分配

1. 甲方在每年的1月3～5日对上一年度进行财务结算；在每年1月10日，发放分红金额，遇到节假日往后顺延，如遇其他重大事项未能按时发放红利，可以往后顺延，最晚不超过3月15日。

2. 甲方分红以净利润进行核算，核算后，拿出净利润的30%～80%进行分配（具体比例以股东大会讨论的结果为准），按照持股比例发放给全体股东，剩余利润留存到公司，作为来年发展的流动资金。

3. 乙方在期股锁定期间，利润分红不直接发放，而是回填剩余的款项。

4. 乙方为加速解锁，可以直接投资或者要求公司从薪酬中扣抵回填欠款。乙方股份解锁后，甲方在发放红利时，直接以现金形式发放。

5. 乙方成为公司注册股东后，按持股比例_____分取利润或分担亏损。

6. 甲方连续两年未能分配红利，并且甲方一直处于盈利状态，乙方有权要求甲方分配红利。

七、股东退出方式

股东退出，必须遵守以下规定。

1. 乙方的期股处于锁定期，中途离职，意味着乙方自动放弃甲方的股权激励方案，甲方以乙方的初期购股资金加上5%的年利息，回购股东持有的期股。

2. 股东将股份转让给第三方，必须提前告知公司，公司具有优先购买权。公司召开股东大会，其他股东投票表决，获得持有50%以上股份的股东投票同意，此股份交易有效。

3. 公司放弃购买乙方的股份，其他股东个人享有次优先购买权，乙方与其他股东个人之间达成股权转让协议，此方案有效；在内部其他股东不愿意购买乙方的股份时，乙方才可以将股份转让给第三方。

4. 乙方将股份转让给第三方，必须征询其他股东的意见，其他股东进行表决，获得持有50%股份的股东投票通过，乙方才可以将股份转让给第三方，否则，此转让无效。

5. 公司如果上市，乙方可以依据国家证券交易管理的法律法规，在二级市场自由套现退出。

6. 乙方严重损害公司利益，给公司带来巨大损失，股东大会讨论通过，其他股东进行表决，累计持有50%股份的股东同意辞退乙方，此方案有效。乙方被辞退，甲方以乙方初期投资金额加投资额5%的年利息计算回购款，收回乙方全部股份。

7.当公司放弃回购股东持有的股份时,股东可以继续持有股份,享受相应的收益,但是该股东不得从事有损害公司利益的行为,比如撬挖公司员工,带走公司客户,宣传不利于公司发展的负面信息等,否则,公司有权对股东进行处罚,扣抵相应的分红作为补偿。

八、职能设计

1.公司目前只设股东大会,董事长一名,未来将逐步完善股东大会、董事会、监事会治理结构。

2.公司每年至少召开两次股东大会,公司全体股东中占股达2/3以上股份的股东参加才为有效。

九、流动资金不足的处理

1.甲方在经营过程中因流动资金不足,需要补充资本金时,公司必须告知乙方。

2.流动资金不足,甲方优先考虑外部融资;在外部融资中,优先考虑股权融资,其次是债权融资。

3.债权融资,以甲方的财产或信誉进行抵押或质押融资,全体股东股份不变,但是全体股东按照股权比例承担债务风险。

4.乙方成为公司的注册股东之后,在享受股东相应收益的同时,也需要和其他股东一样承担企业经营过程中遇到的风险。

5.乙方个人举债融资,投入公司发展中,公司股份进行调整,股东以投资金额以及公司当期公司估值,核算投资金额在公司股份的实际占比,进而在原有基础上增持公司股份;原有股东的股份同比例稀释。

6.乙方个人举债融资投入企业发展中,个人承担债务风险。

7.当外部融资未能顺利达成时,全体股东必须以自有资金按照股权比例对公司进行增资,乙方成为注册股东之后,同样遵守股东应尽的义务。

8.公司开展新的业务,需要全体股东以自有资金出资时,必须在股东大会上讨论,获得50%投票的通过。未能获得通过,意向投资股东进行个人增值，其他股东的股份被同比例稀释。

9.乙方愿意增资，可以进行增资扩股；乙方放弃增资，由愿意增资的股东进行增资。其间，股份进行相应调整。

10.乙方对本公司进行增资，以增资金额与公司当期实际评估价值核算股权占比，原有股东的股份被同比例稀释。

十、股东增加与减少

1.公司引入新的投资者，进行股份增发，那么，乙方的股份将被同比例稀释。股份调整后，在本协议的基础上增加补充协议，注明调整后的股权比例，按照新比例执行。

2.公司进行风险融资、并购、重组、挂牌、上市，必须获得占股达50%以上股份的股东同意，方可获得通过。

3.乙方的期股处于分红回填阶段，公司即将上市，甲方可以对乙方加速解锁，将乙方提前变成实股股东。

4.公司股份发生变动以及需要增加或减少注册资本时，甲方必须提前告知乙方，并在三个月内到工商局进行变更注册。

5.乙方补充注册资本，按照补充资金在当期公司实际估值的占比，对股份进行相应调整，对原来股东的股份被同比例稀释。

十一、股份继承

1.乙方死亡，处于期股锁定期的股份不能继承，公司以股东实际投资金额加投资额的5%的年利息回购，实股部分可以继承。乙方股份已经注册，乙方死亡，股份由亲属或指定对象继承。

2.未能注册的期股没有继承权。乙方股份注册后，乙方直接提出继承请求，其他股东对被继承人予以审核，1个月之内给予回复，符合公司股东标准（不存在关联利益，无不良社会记录，不会给公司带来损失，能够胜任原有股东岗位的工作），方可继承，否则，股东必须继续持有该股份或者指定其他符合要求的继承人。

十二、解散与清算

1. 甲方经营出现下列情形之一时，应当解散：①经营期限届满，全体股东不愿继续经营的；②全体股东决定解散。

2. 当公司业绩持续下滑时，合计占 2/3 以上股份的股东提出清算的，甲方按股东股份比例进行清算，未能获得占 2/3 股份的股东通过，公司继续经营，资金不足，依据上述"流动资金不足的处理"条款进行处理。

十三、经营终止后的事项

1. 经营终止后，即行推举清算人，并邀请中间人（或公证员）参与清算；全体股东都不愿意邀请中间人进行清算的，协商解决。

2. 清算后如有盈余，则按收取债权、清偿债务、返还出资、按比例分配剩余财产的顺序进行。固定资产和不可分物，作价卖出，其价款参与分配；

3. 清算后如有亏损，不论股东出资多少，先以股东共同财产偿还，股东财产不足清偿的部分，由股东按出资比例承担。

4. 公司清算，乙方按照相应的股权比例，分取相应的收益，承担相应的债务，乙方股份处于期股锁定期的，不参与清算。

十四、补充

1. 本合同如有未尽事宜，应由甲、乙双方讨论、补充或修改，补充和修改的内容与本合同具有同等效力。

2. 本协议一式两份，自双方签名后生效，双方各执一份，均具同等法律效力。

甲方：_____　　　日期：_____年____月____日

乙方：_____　　　日期：_____年____月____日

附件 B　股东合作协议书

一、总则

　　_____和_____，根据《中华人民共和国公司法》（以下简称《公司法》）和其他有关法律法规，本着平等互利、相互信任、合作共赢的原则，经过双方友好协商，就共同投资成立_____事宜，订立本合同。

二、股东各方

　　本合同的各方为：

　　甲方：_____，代表人：_____，营业执照注册号：_____，地址：_____电话：_____

　　乙方：_____身份证号：_____住址：_____电话：_____

三、公司名称及性质

　　公司性质：有限责任公司

　　公司全名为：_____有限责任公司

　　公司地址：_____

　　公司法定代表人为：_____

　　注册资金：_____（大写_____）

　　经营方向：_____

　　经营期限：20 年

　　公司是依照《公司法》和其他有关规定成立的有限责任公司。双方以各自认缴的出资额为限对公司的债权债务承担责任，双方按其出资、出力比例分享利润，分担风险及亏损。

四、出资方式

股东	出资（大写）	出资形式	出资时间	股权占比
甲方				
乙方				

注：以现金形式出资的股东，必须在本合同生效之日起七日内将约定好的资金转入公司账户，甲方必须出具《出资证明书》，并颁发股权证书。出资人未能按要求将资金转入指定账户的，本合同无效。

五、股东的权利与义务

1. 各方自公司注册成立后即成为公司股东，公司股东按其所持股份的份额享有相应权利，承担义务。

2. 甲、乙双方成为本公司股东，享有相应股份数的所有权，包括分红权、增值收益权、转让权、知情权、查账权、表决权、监督权、提议权、诉讼权等。

3. 乙方自愿将股份经营管理权委托给甲方，甲方享有除委托股份的收益权、转让权、查账权、质询权外的其他权利，包括经营管理权、投票表决权等。

4. 在合同期限内，甲方应在每一季度以书面形式或以乙方同意的方式向乙方通报其行使股东权利的有关情况，以及公司经营状况、重大决策事项。

5. 乙方查看财务数据，甲方不得阻挠，但乙方开设与本公司具有竞争性关系的业务时，不得利用股东的身份查看公司账款，否则，甲方有权拒绝乙方查账。

6. 乙方做好监督工作，对经营中存在的问题可以向相关负责人进行质询，甲方负责人必须及时给予回复。

六、股东的责任

1. 股东不得有损害公司的行为（如对外宣传关于公司的虚假信息，泄露公司商业机密，以公司名义开展与本公司不相关的商业活动等）。

2. 不得私自利用公司股东的身份进行抵押或质押借贷。

3. 不得利用股东的身份进行利益输送，或者进行关联交易。

4. 不得撬挖公司员工和客户，开设与公司具有竞争关系的企业。

5. 股东必须遵守总公司颁发的《股东管理条例》。

七、违约处理

1. 如发现股东有不良行为，违反公司应尽的义务，给公司带来不利影响，被定义为一般性违规行为的股东，公司评估损失金额，年底抵扣该股东相应红利补偿损失。

2. 股东不良行为被定性为情节严重者，公司有权将其股份收回，收回价格以前期股东实际投资金额的 60% 收回。

3. 股东不良行为被定性为特别严重者（如给总公司或本公司带来灾难性损失），公司有权以 1 元钱的价格收购股东的全部股份。

八、利润分配和亏损分担

1. 公司在每年的 1 月 3 ～ 5 日对上一年度进行财务结算；在每年 1 月 10 日，发放分红金额，遇到节假日往后顺延，如遇其他重大事项未能按时发放红利，可以往后顺延，最晚不超过 1 月 20 日。

2. 公司分红以净利润进行核算，公司每年拿出净利润的 40% ～ 80% 进行分配，具体比例以公司运营情况进行确定，剩余利润留存到公司作为第二年的发展资金。股东按照持股比例获得相应分红。

3. 公司年底账户未分配利润的计算方式，以公司会计标准进行核算，公司制作现金流量表，方便股东查看。

4. 因分红产生的个人所得税，由甲方代缴，从股东应得分红金额中进行抵扣。

5. 甲方按持股比例____分取利润或分担亏损；乙方按持股比例____分取利润或分担亏损。（未经协商同意单方面造成损失由个人按实际损失承担。）

九、股东的退出方式

股东退出，必须遵守以下规定：

1. 公司资金锁定期为两年，两年之内，股东不得随意退出，如果股东要求强制退出，其他股东以该股东出资额的 50% 回购全部股份，同时取消其当年分红，资金发放期限为 6 个月内。

2. 乙方持股两年后，提出退股请求，必须告知甲方，甲方没有回购乙方股份的义务。如果乙方要求强制退出，双方协商约定。

3. 甲方选择放弃回购乙方的股份，甲方必须帮助股东对接第三方，进行外部转让。

4. 乙方将股权转让给第三方，必须提前告知甲方，甲方具有优先购买权。

5. 甲、乙双方对回购达成一致意见，股权转让的数量和价格以转让的双方协商确定。

6. 公司上市，股东可以在相关法律法规允许的范围内自由套现退出。

7. 公司进行并购、重组、风险融资，在甲方资金充足的情况下，乙方提出退股请求，甲方必须予以回购，回购价格以股份实际评估价格为准，但乙方必须持股两年以上，否则，甲方没有回购义务。

十、流动资金不足的处理

1. 公司在经营过程中因流动资金不足，需要补充资本金时，甲方需要及时告知乙方。

2. 流动资金不足，公司优先考虑外部融资，从而进行增值扩股。外部融资未能顺利达成时，甲、乙双方协商对公司进行增资，增资后，重新估算股权比例，进行调整，具体调整比例双方协商解决。

3. 流动资金不足，甲乙双方都不愿意增资，便意味着双方放弃继续经营的权利，那么，双方可以选择将公司进行出售或清算，然后将资金按股份比例分发，合作终止。

4. 流动资金不足，外部融资失败后，当甲乙双方其中一方选择增资，其中一方放弃增资时，由愿意增资的一方进行增资，依据增资数量和当期企业估值调整股权比例。同时，公司取消不愿意增资一方股东的一整年分红，作为惩罚，将其补偿给愿意增资一方，之后的分红按照调整后的股权比例进行发放。

5.股东增资，公司以增资扩股的方式进行调整，公司借助第三方或者股东双方协商的评估价值，进行股份稀释和份额累加，从而调整各自股权比例。

6.公司需要增资，乙方选择放弃增资，并且乙方在首期三年分红总额未能达到投资额时，公司不予补足投资回收额不足部分。

十一、股东增加与减少

1.公司引入新的投资者，进行股份增发，那么，全体股东的股份将被同比例稀释。

2.公司做增发，引入新的股东必须获得甲方的同意；股东转让股份按照以上条款进行，不受此款限制。

3.公司对其他的公司或资产进行并购、重组，必须征询全体股东的意见，获得占股合计达50%的股东的投票表决通过，此方案可以执行；公司的相应资产进行剥离售卖，同样必须获得占股达50%股份的股东同意，方可通过。乙方将股份经营管理权委托给甲方的，甲方享有乙方的投票表决权，乙方的投票表决将无效。

十二、股份继承

1.股东死亡，股份由亲属或指定对象继承。

2.股东直接提出继承请求，其他股东对被继承人予以审核，1个月之内给予回复，符合公司股东标准（不存在关联利益，无不良社会记录，不会给公司带来损失），方可继承，否则，股东必须继续持有该股份或者指定其他符合要求的继承人。

十三、解散与清算

1.公司股份经营有下列情形之一时，应当解散：①经营期限届满，甲、乙双方不愿继续经营的；②甲、乙双方决定解散。

2.公司解散后，应当依法进行清算。

3. 公司业绩持续下滑时，合计占股 2/3 以上股份的股东提出清算的，公司按股东股份比例进行清算，未能获得占股 2/3 股份的股东通过，公司继续经营，资金不足，依据上述"流动资金不足的处理"条款进行处理。

十四、经营终止后的事项

1. 经营终止后，即行推举清算人，并邀请中间人（或公证员）参与清算，双方都不愿意邀请中间人进行清算的，协商解决。

2. 清算后如有盈余，则按收取债权、清偿债务、返还出资、按比例分配剩余财产的顺序进行。固定资产和不可分物，作价卖出，其价款参与分配。

3. 清算后如有亏损，不论双方出资多少，先以双方共同财产偿还，双方财产不足清偿的部分，由双方按出资比例承担。

十五、补充

1. 本协议如有未尽事宜，应由双方讨论补充或修改，补充和修改的内容与本合同具有同等效力。

2. 本协议一式两份，自双方签名后生效，双方各执一份，均具同等法律效力。

甲方：   乙方：

代表（签字/盖章）   代表（签字/盖章）

_____年____月____日   _____年____月____日

附件 C 股东管理条例

为了对××××有限责任公司（以下简称公司）的股东进行规范化管理，保障公司健康、稳定的发展，实现股东投资收益的目标，促进企业获得更大的发展，特拟订本管理条例，以供全体股东遵守。

一、股东的认定

1.股东身份的认定，以股东合作协议上签字并全额打款为准；股东身份确定后，如出现股份转让的情况，受让人继承并享受出让人相应的股东权利和义务。

2.非股东身份的人员，不得对外或在公司内部声称为本公司股东，如不遵守约定，将视情况给予处罚。

二、股东的权利与义务

1.股东享有投资标的公司股份的所有权，包括分红权、增值收益权、转让权、知情权、查账权、表决权、监督权、提议权、诉讼权等。

2.股东如果将持有股份的经营管理权委托给总公司管理，那么股东只享有股份的收益权、查账权、质询权、股份转让权。

3.股东股份比例大小，以双方协商为基础，在公司与投资者之间友好协商、平等自愿的基础上设定股权比例，股权比例确定后，双方签订《股权合作协议》。投资者按照要求及时打款，总部与股东之间签订《股权合作协议》，出具出资证明，并颁发股权证书。

4.公司应在每一季度以书面形式或以股东同意的方式向其他股东通报其行使股东权利的有关情况，以及公司经营状况、重大决策事项。

5.股东有权查看公司的财务数据，经营管理人员不得阻挠，但参与投资的股东在外部开设与本公司具有竞争关系的业务时，不得利用股东身份查看公司账款，否则，经营管理人员有权拒绝股东查账。

6.公司因经营不善出现亏损或因不可抗拒因素造成资产损失的，股东以其出资额为限承担有限责任。

三、股东会的职责

1.公司约定每季度定期召开一次股东大会，各股东非特殊情况不得缺席股东大会；公司遇到特殊事件，召开临时股东大会。

2.股东大会参会人为具备股东身份的股东本人、公司董事长、总经理以及总部选派的代表；股东大会由总部组织，股东也可以提醒总公司召开股东大会。

3.召开股东大会时，各股东有义务反映公司存在的问题，就公司的管理、财务和营业状况提出自己的想法、意见和建议，供股东相互研究和讨论，汇总成具体的方案。

4.公司的运营管理以股东大会得出的方案为指导思想，除股东大会外，各股东不得在其余时间无故干涉公司正常的运营管理，随意调动和命令工作人员。

5.涉及重大事项，直接关系股东利益的，必须召开股东大会，在会议上讨论通过。

四、股东会的议事规则

公司股东大会由全体股东组成，是公司最高权力机构。依据《中华人民共和国公司法》和公司相关管理制度，公司的股东大会采用以下议事规则：

1.公司的股东大会由董事长负责召集，董事长未能及时召集，其他股东可以提醒或自行召集，涉及对重大事项进行表决时，必须全体股东参加，因特殊情况未能参加的股东可以远程投票表决。

2.重大事项是指公司合并、分立、解散、增资扩股、减资；公司股东的退出、新增、股东股份调整、股份继承、股份置换，以及总部挂牌上市、并购、重组、增资扩股。

3.股东对公司的经营管理具有质询和建议的权利,股东可以针对经营中的战略目标、利润分配、财务核算提出自己的疑问,参与经营管理的人员必须如实解答。

4.公司合并、分立、解散、增资扩股、减资必须获得占50%股份的股东同意,方可获得通过。

5.股东死亡,股份由亲属或指定对象继承。股东直接提出继承请求,其他股东对被继承人予以审核,1个月之内给予回复,符合公司股东标准(不存在关联利益,无不良社会记录,不会给公司带来损失),方可继承,否则,股东必须继续持有该股份或者指定其他符合要求的继承人。

五、保密制度

1.股东有权查看了解公司的实际经营情况,但同时必须遵守公司的保密制度,不得随意将公司的信息泄露给第三方。公司的保密内容包括:

(1)公司的财务信息;

(2)公司的经营状况;

(3)公司的商业模式;

(4)公司客户的资料;

(5)公司的管理资料;

(6)员工和股东的信息。

2.股东将公司重要信息泄露给第三方,尤其是竞争对手,公司有权剥夺该股东查账的权利,给公司造成损失的,要承担相应损失,年底从分红中扣抵。股东以故意出售公司商业信息进行获利的行为,公司有权以1元的价格收回股东的全部股份。

六、财务管理制度

1.公司财务状况遵循公开、透明的原则。

2.财务账本进账、出账清楚、准确,所有发生的款项有单可查。

3. 财务人员制作每个月的财务数据表，每季度将财务数据发送到股东指定的邮箱、QQ 或微信上，方便股东及时了解企业经营状况。

4. 公司财务工作人员制作每年的财务报表，方便查账或年底股东发放红利。

5. 股东对财务具有监督的职责，发现有弄虚作假、做私账、私自转移账款等不良行为，可以要求改正，也可以向股东大会反映情况，总公司在获得证据的情况下，对财务人员进行处罚，处罚罚金全部奖励给举报的股东。

6. 处理特殊事件或某方面对公司有特殊贡献的股东，总部可以考虑直接给予奖励。

七、纠纷处理

1. 股东不得有损害公司的行为（如对外宣传关于公司的虚假信息，泄露公司商业机密，以公司名义开展与本公司不相关的商业活动等）。

2. 不得私自利用拥有公司股东的身份进行抵押或质押借贷。

3. 不得利用股东身份进行利益输送，或者进行关联交易。

4. 不得撬挖公司的员工和客户，开设与公司具有竞争关系的企业。

5. 股东必须遵守总公司颁发的《股东管理条例》。

6. 如发现股东有不良行为，违反公司应尽的义务，给公司带来不利影响，被定性为一般性违规行为的股东，公司评估损失金额，年底抵扣该股东相应红利补偿损失。

7. 股东不良行为被定性为情节严重者，公司有权将其股份收回，收回价格以前期股东实际投资金额的 60% 进行收回。

8. 股东不良行为被定性为特别严重者（如给总公司或本公司带来灾难性损失），公司有权以 1 元钱的价格收购股东的全部股份。

9. 股东不良行为的定性，以股东大会讨论的结果为准，总部相关人员负责召集股东大会，股东大会排除被定性人，然后投票表决，获得占 50% 以上股份的股东通过，便意味着此事件已定性，依据定性的结果，实施相应的处罚。

八、退出制度

1.股东加入两年时间之内,不得随意退出,如果股东要求强制退出,其他股东以新增加股东出资额的50%进行回购,同时取消当年分红,资金发放期限为6个月。

2.股东持股两年后,提出退股请求,必须告知其他股东,其他股东没有回购股份的义务。如果股东要求强制退出,总部将以退股股东出资额的80%进行回购,同时取消当年分红,资金发放期限为12个月。

3.总部选择放弃回购股东的股份,必须帮助股东对接第二方,进行外部转让。

4.股东将股权转让给第三方,必须提前告知其他股东,其他股东具有优先购买权。

5.股东之间对回购达成一致意见,股权转让的数量和价格由转让的双方协商确定。

6.总部上市,股东可以在相关法律法规允许的情况下自由套现退出。

7.公司进行并购、重组、股权融资,在总部资金充足的情况下,股东提出退股请求,公司必须予以回购,回购价格以股份实际评估价格为准,但股东必须持股两年以上,否则,公司没有回购义务。

九、公司流动资金不足的处理

1.公司在经营过程中因流动资金不足,需要补充资本金时,公司负责人需要及时告知其他股东,并且召开股东大会,对相关问题进行探讨。

2.流动资金不足,公司优先考虑外部融资,从而进行增值扩股,外部融资未能顺利达成时,股东之间协商对公司进行增资,增资后,重新估算股权比例,进行调整,具体调整比例由双方协商解决。

3.流动资金不足,全体股东都不愿意增资,便意味着全体股东放弃继续经营的权利,那么,公司只能出售或清算。

4.流动资金不足,外部融资失败后,股东之中,某些股东或某个股东选择增资，其他股东放弃增资时，由愿意增资的股东进行增资，依据增资数量和当期公司估值调整股权比例；同时，公司取消不愿意增资的股东的一整年分红，作为惩罚，补偿给愿意增资的股东，之后的分红按照调整后的股权比例进行发放。

5. 股东增资，公司以增资扩股的方式进行调整，公司借助第三方或者股东双方协商的评估价值，进行股份稀释和份额累加，从而调整各自股权比例。

十、公司解散和清算

1. 公司股份经营有下列情形之一时，应当解散：①经营期限届满，股东都不愿继续经营的；②全体股东决定解散。

2. 公司解散后，应当依法进行清算。

3. 公司业绩持续下滑时，合计占 2/3 以上股份的股东提出清算的，公司按股东股份比例进行清算；未能获得占 2/3 股份的股东通过，公司继续经营，资金不足，依据上述"公司流动资金不足的处理"条款进行处理。

十一、经营终止后的事项

1. 经营终止后，即行推举清算人，并邀请中间人（或公证员）参与清算，双方都不愿意邀请中间人进行清算的，协商解决。

2. 清算后如有盈余，则按收取债权、清偿债务、返还出资、按比例分配剩余财产的顺序进行。固定资产和不可分物，作价卖出，其价款参与分配。

3. 清算后如有亏损，不论双方出资多少，先以双方共同财产偿还，双方财产不足清偿的部分，由双方按出资比例承担。

十二、本管理条例自_____年____月____日起执行；若有具体条款改、增，则以具体书面形式另行约定通知。

××××有限责任公司

_____年____月____日

创业者手册

书号	书名	定价	作者
978-7-111-40530-6	创业者手册：教你如何构建伟大的企业	89.00	（美）史蒂夫·布兰克 鲍勃·多夫
978-7-111-48369-4	我是这样拿到风投的：和创业大师学写商业计划书（原书第2版）	39.00	（美）安德鲁·查克阿拉基斯 史蒂芬·史宾纳利 杰弗里·蒂蒙斯
978-7-111-57234-3	内创业革命	49.00	蔺雷 吴家喜
978-7-111-57613-6	有序创业24步法：创新型创业成功的方法论	79.00	（美）比尔·奥莱特
978-7-111-53706-9	新内容创业：我这样打造爆款IP	39.00	南立新 曲琳
978-7-111-51100-7	硅谷生态圈：创新的雨林法则	45.00	（美）维克多 W. 黄 格雷格·霍洛维茨
978-7-111-55037-2	设计思维玩转创业	49.00	杜绍基
978-7-111-58697-5	如何成为下一个Facebook：从Idea到IPO，认清创业中的机会与陷阱	59.00	（美）汤姆·陶利
978-7-111-55613-8	如何测试商业模式:创业者与管理者在启动精益创业前应该做什么	45.00	（美）约翰·马林斯
978-7-111-57888-8	创业财税口袋书	35.00	孟峰
978-7-111-47422-7	教训：互联网创业必须避免的八大误区	39.00	腾讯科技频道
978-7-111-55231-4	创业园：创业生态系统构建指南	40.00	（美）布拉德·菲尔德
978-7-111-52689-6	创业成功范式：硅谷创业教父的忠告	69.00	（美）史蒂夫·布兰克

显而易见的商业智慧

书号	书名	定价
978-7-111-57979-3	我怎么没想到?显而易见的商业智慧	35.00
978-7-111-57638-9	成效管理：重构商业的底层逻辑	49.00
978-7-111-57064-6	超越战略：商业模式视角下的竞争优势构建	99.00
978-7-111-57851-2	设计思维改变世界	55.00
978-7-111-56779-0	与时间赛跑：速度经济开启新商业时代	50.00
978-7-111-57840-6	工业4.0商业模式创新：重塑德国制造的领先优势	39.00
978-7-111-57739-3	社群思维：用WeQ超越IQ的价值	49.00
978-7-111-49823-0	关键创造的艺术：罗得岛设计学院的创造性实践	99.00
978-7-111-53113-5	商业天才	45.00
978-7-111-58056-0	互联网原生代：网络中成长的一代如何塑造我们的社会与商业	69.00
978-7-111-55265-9	探月：用改变游戏规则的方式创建伟大商业	45.00
978-7-111-57845-1	像开创者一样思考：伟大思想者和创新者的76堂商业课	49.00
978-7-111-55948-1	网络思维：引领网络社会时代的工作与思维方式	49.00